KÖNIGS ERLÄUTERUNGEN

Band 369

W0192534

Textanalyse und Interpretation zu

Ralf Rothmann

IM FRÜHLING
STERBEN

Stefan Munaretto

Alle erforderlichen Infos für Abitur, Matura, Klausur und Referat
plus Musteraufgaben mit Lösungsansätzen

Zitierte Ausgabe:
Rothmann, Ralf: *Im Frühling sterben*. Berlin: Suhrkamp Taschenbuch Verlag, 2020
[2016].

Über den Autor dieser Erläuterung:
Stefan Munaretto hat vierzig Jahre Deutsch und Englisch unterrichtet. Er bedankt sich herzlich bei Ralf Rothmann für wertvolle Auskünfte zu seiner Biografie und für die Familienfotos, die er für diesen Band zur Verfügung gestellt hat. Außerdem bei seinem Sohn Lino Munaretto in Frankfurt, der Bücher und Materialien besorgt hat, als im Corona-Lockdown in Braunschweig alle Bibliotheken geschlossen waren.

1. Auflage 2021
ISBN: 978-3-8044-2060-1
PDF: 978-3-8044- 6060-7, EPUB: 978-3-8044- 7060-6
© 2021 by Bange Verlag, 96142 Hollfeld
Alle Rechte vorbehalten!
Titelabbildung: Rothmanns Vater (zweiter von links) mit Kameraden in Ungarn
© Ralf Rothmann
Druck und Weiterverarbeitung: Tiskárna Akcent, Vimperk

1. DAS WICHTIGSTE AUF EINEN BLICK – SCHNELLÜBERSICHT

Damit sich alle Leser:innen in unserem Band rasch zurechtfinden und das für sie Interessante gleich entdecken, hier eine Übersicht.

Im 2. Kapitel beschreiben wir **Ralf Rothmanns Leben** und stellen den **zeitgeschichtlichen Hintergrund** dar:

⇨ S. 11 ff.

→ Ralf Rothmann wurde **1953** in Schleswig geboren. 1958 zog seine Familie in das Ruhrgebiet. Seit 1976 lebt er in **Berlin**.

⇨ S. 17 ff.

→ In der **Endphase des Zweiten Weltkriegs** kapitulierte das NS-Regime nicht, obwohl die deutsche Niederlage besiegelt war. Der Kampf wurde bis in den völligen Untergang fortgesetzt.

→ In den letzten Kriegsmonaten verschärfte das NS-Regime **Massenmord und Terror** noch einmal.

→ Deserteure wurden durch eine oft nur pseudo-legale Militärjustiz unnachgiebig bestraft, meistens mit dem Tod.

⇨ S. 30 ff.

→ Ralf Rothmann ist vor allem als Verfasser **autobiografisch inspirierter Romane** und Erzählungen hervorgetreten.

→ Seine Figuren sind oft **Außenseiter** in einer spirituell verarmten Gesellschaft, die sich von der Natur und dem menschlichen Miteinander entfremdet hat.

→ Er ist ein **Chronist der soziokulturellen Umbrüche** Deutschlands seit dem Ende des Zweiten Weltkriegs.

→ Rothmanns Werk ist beeinflusst durch die Literatur der Romantik sowie buddhistische und christlich-mystische Lehren.

Im Frühling sterben – Entstehung und Quellen:

→ *Im Frühling sterben* ist Teil eines umfangreichen, schon vor ⇨ S. 35 ff.
  Jahrzehnten begonnenen autofiktionalen Schreibprojekts
  Rothmanns über seine eigene Familie. Darin verbinden sich
  Erinnerungsarbeit und Fantasie.

→ Der Roman ist ein **literarischer Gedächtnistext**, der kollektive
  Erfahrungen aus dem Krieg und der Nachkriegszeit verdichtet
  und für viele Leser wieder greifbar macht.

→ Das Schreiben ist Rothmanns Methode, nachträglich Nähe
  zu seinen Eltern herzustellen und damit das Leiden an dem
  Mangel an Aufmerksamkeit und Wärme in der Kindheit zu
  überwinden.

→ Die Binnenerzählung ist weitgehend fiktiv. Auf das zentrale
  Geschehen ist Rothmann im Gespräch mit einem alten Mann in
  Glücksburg gestoßen, der ihm erzählte, dass er im Krieg seinen
  Freund erschießen musste.

Inhalt:

Im **Februar 1945** arbeiten die knapp achtzehnjährigen Freunde Wal- ⇨ S. 48 ff.
ter und Fiete als Melker auf einem Gut in Schleswig-Holstein. Sie
werden von der Waffen-SS zwangsrekrutiert und an die Front in Ungarn geschickt, wo sie das **Grauen des Krieges** erleben, während
die deutschen Streitkräfte sich schon auf dem Rückzug befinden.
Als Fiete schließlich desertiert, wird er festgenommen und zum Tode verurteilt. Walter setzt sich verzweifelt, aber erfolglos für seine
Begnadigung ein und muss sogar an **Fietes Erschießung** teilnehmen. Nach dem Krieg heiratet er seine Freundin Elisabeth, aber er
schweigt über das Erlebte, und sein Leben und das seiner Familie
bleibt durch **das erlittene Trauma** für immer beeinträchtigt.

Aufbau:

⇨ S. 56 ff.

→ Der Roman erzählt eine **Geschichte in der Geschichte**, wobei der Schwerpunkt auf der langen Binnenerzählung liegt.

→ Ralf Rothmann legt zahlreiche Spuren von sich selbst und seinen Eltern zu Figuren des Romans. Die Ebene der Fiktion und die der realen Familie Rothmann durchdringen sich gegenseitig.

→ Durch den poetischen Subtext, der aus vernetzten Metaphern, Motiven und Anspielungen besteht, werden die verschiedenen Ebenen des Romans durchlässig füreinander gemacht.

→ In *Im Frühling sterben* überlagern sich **vier sinnstiftende Erzählungen** (Narrative). Dabei dominiert das Narrativ der Übertragung von Traumata über Generationsgrenzen hinweg.

→ Unter der Oberfläche des Textes verborgen liegt das Narrativ der Apokalypse nach dem Vorbild der Offenbarung des Johannes, des letzten Buches im Neuen Testament.

→ Auf die Weltzerstörung folgt aber kein Neues Jerusalem, sondern nur die Postapokalypse als Nachkriegszeit.

→ Der Roman unterwandert das apokalyptische Denkmodell, welches den Gläubigen dazu anhält, passiv auf Erlösung zu warten. Walter repräsentiert eine Nächstenliebe, die sich in aktivem Handeln offenbart.

Personen:

⇨ S. 76 ff.

Die Hauptpersonen sind

Walter:

→ fürsorglich und umsichtig

→ repräsentiert aktive Nächstenliebe und wird mit Heiligen assoziiert (Sankt Martin, Franz von Assisi)

Fiete:
→ unreif und sprunghaft
→ wird am Karfreitag hingerichtet
→ als rebellischer, blasphemischer Christus charakterisiert

Elisabeth:
→ Flüchtlingsmädchen
→ Walters Freundin und spätere Ehefrau
→ junger Mensch, dessen Leben durch den Krieg zerstört wird
→ hat einen großen Hunger auf das Leben
→ den Traumata des Krieges begegnet sie wie Walter mit
  Schweigen

Unter den Nebenfiguren ragt der Sturmbannführer Domberg her-   ⇨ S. 84 ff.
vor. Oberflächlich ist er der Typus des zynischen und lüsternen SS-
Offiziers mit höherer Bildung, wie er häufig in Filmen präsentiert
wird; in dem apokalyptischen Narrativ des Romans repräsentiert er
den Antichrist.

Stil und Sprache:

→ Der Roman verbindet mehrere Formen des **Realismus**, vor   ⇨ S. 95 ff.
  allem einen schonungslosen Realismus mit Schockeffekten bei
  der Darstellung der Kriegsgräuel, und einen metaphysischen
  Realismus, der eine höhere Wirklichkeit einbezieht.
→ Auffällig ist die konzentrierte Hinwendung zur **Körperlichkeit**   ⇨ S. 98 ff.
  der Figuren. Die geschichtlich erfahrenen Traumata manifestieren sich in Walters und Elisabeths Körpern und werden von
  ihnen weitervererbt. Die zerfleischten Körper der SS-Offiziere
  sind auch Zeichen ihrer psychischen Deformation.
→ *Im Frühling sterben* ist ein **polyphoner Roman**; er vereinigt eine   ⇨ S. 101 ff.
  Vielzahl von Stimmen, Perspektiven und Sprachstilen.

Interpretationsansätze:

⇨ S. 110 ff.
→ **Zwei Formen von Männlichkeit** stehen sich gegenüber: einerseits das hypermaskuline nationalsozialistische Ideal des harten, seine Emotionen streng kontrollierenden Mannes und damit verbunden die Glorifizierung der Soldatenkameradschaft; andererseits der von Walter verkörperte Gegenentwurf. Walter verbindet Mut, Verantwortungsbereitschaft und moralisches Bewusstsein mit den gewöhnlich Frauen zugeschriebenen Eigenschaften Empathie und Fürsorglichkeit.

⇨ S. 113 ff.
→ Der Roman verarbeitet das **Motiv der „fremden Heimat"**: Deutschland ist nach der totalen militärischen und moralischen Niederlage und der Zerstörung seiner Städte für seine Bewohner ein unbewohnbares Land geworden.

⇨ S. 116 ff.
→ Die grausame Behandlung von Tieren spiegelt die **Gewalt unter Menschen** wider. Auch hier ist Walter das Gegenmodell; seine Aura von Sanftmut und Güte im Umgang mit den Rindern erinnert an Franz von Assisi.

→ Der Roman bietet der Hoffnung außerdem Raum in den kurzen **Momenten der meditativen Stille**, in denen Figuren abseits des Kriegsgeschehens die Erfahrung von Vollkommenheit in der geheimnisvollen Verschmelzung von Mensch und Natur machen.

2. RALF ROTHMANN: LEBEN UND WERK

2.1 Biografie

Ralf Rothmann
(* 1953)
© picture alliance /
EIDON/MAXPPP |
Donatella
Giagnori / EIDON

JAHR	ORT	EREIGNIS	ALTER
1953	Schleswig	Ralf Rothmann wird am 10. Mai in Schleswig geboren. Seine Eltern arbeiten als Melker auf dem Gut Fahrenstedt bei Böklund. Walter Rothmann stammt aus Essen, seine Frau Elisabeth (geborene Isbahner) aus Konitz in Westpreußen.	
1956	Schleswig	Geburt des Bruders.	3
1958	Oberhausen	Umzug der Familie ins Ruhrgebiet nach Oberhausen-Osterfeld. Rothmanns Vater arbeitet als Bergmann, seine Mutter als Bedienung in der Bahnhofsgaststätte. Nach der vergleichsweise idyllischen Zeit auf dem Land empfindet der junge Rothmann das proletarische Milieu im Ruhrgebiet als hart und aggressiv. Die Verhältnisse in der Familie sind beengt und von Geldnot geprägt. Er verbringt möglichst viel Zeit außer Haus, wo er aber auch Gewalt erlebt.	5
1959–1967	Oberhausen	Rothmann absolviert die Volksschule und besucht anschließend für einige Monate die Handelsschule. In der katholischen Kirche mit ihren Ritualen findet er die Schönheit, die er anderweitig vermisst. Seine Freude am Lesen wird von den Eltern unterstützt. Durch sein Interesse an Büchern fühlt er sich unter seinen Altersgenossen als Außenseiter.	6–14

2.1 Biografie

JAHR	ORT	EREIGNIS	ALTER
1967–1970	Oberhausen	Rothmann absolviert eine Maurerlehre, die er mit der Gesellenprüfung abschließt. In seiner Freizeit ist er Stammgast in der Stadtbücherei. In der Pausenbaracke auf dem Bau liest er zur Verwunderung seiner Kollegen u. a. in Reclam-Ausgaben von Heinrich von Kleist. Inspiriert von der Rockmusik der Zeit, fängt er an, Songtexte zu schreiben.	14–17
1971	Essen	Rothmann zieht aus dem Elternhaus aus und lebt in Essen. Dort findet er im Umfeld der neu gegründeten Universität ein regeres kulturelles Leben vor. Rothmann begeistert sich für die Werke Hermann Hesses; der Wunsch, selbst zu schreiben, nimmt zunehmend Gestalt an. Er erwirbt den Führerschein und begibt sich von nun an immer wieder auf Reisen in Europa und bis in die Türkei und das damalige Persien.	18
1972–1976	Essen	Rothmann beendet seine Tätigkeit auf dem Bau. In den letzten Jahren im Ruhrgebiet sammelt er in verschiedenen Berufen Erfahrungen, die später in seine Texte einfließen: als Krankenpflegehelfer im Klinikum Essen, dort auf der Dialysestation, der Chirurgischen Wachstation und der Medizinischen Aufnahmestation (ca. zwei Jahre), außerdem als Küchenhilfe und Fahrer in einer Großküche in Essen.	19–23

2.1 Biografie

JAHR	ORT	EREIGNIS	ALTER
1976	Berlin	Rothmann folgt seiner damaligen Freundin nach Berlin, wo er bis heute wohnt. Er verdient seinen Lebensunterhalt zunächst als Offset-Drucker, Lichtpauser und Fahrer in einer Druckerei am Bahnhof Zoo, als Paketbote bei der Post in Tempelhof, als Koch in einer Jazz-Kneipe in Wilmersdorf, als Koch und Kellner in einem Behinderten-Café, ebenfalls Wilmersdorf. In Berlin findet Rothmann Anschluss an intellektuelle Kreise.	23
1983– 1984	USA, Mexiko, Ecuador und Peru	Rothmann bereist insgesamt neun Monate lang den amerikanischen Kontinent.	30
1984	Berlin	Mit seinem ersten Buch, dem in einem kleinen Verlag erschienenen Lyrikband *Kratzer*, macht Rothmann auf sich aufmerksam und wird von Suhrkamp, einem der renommiertesten Verlage Europas, unter Vertrag genommen.	31
1985	Paris	Dreimonatiger Aufenthalt in Paris.	32
1986	Berlin/Iserlohn	Die Erzählung *Messers Schneide* erscheint; der Märkische Kulturpreis ist die erste von zahlreichen und hier nur auszugsweise genannten Auszeichnungen, die Rothmann erhält.	33
1987	Oberhausen	Tod des Vaters Walter Rothmann im Alter von 61 Jahren.	34
1988	Berlin	*Der Windfisch* (Erzählungen).	35
1989	Oberhausen	Tod der Mutter Elisabeth Rothmann, geborene Isbahner, im Alter von 60 Jahren.	36

2.1 Biografie

JAHR	ORT	EREIGNIS	ALTER
1991	Berlin/Paris	*Stier*, der erste Roman, macht Rothmann einem breiteren Publikum bekannt; Beginn eines weiteren Aufenthaltes in Paris, diesmal für fünfzehn Monate.	38
1992–1993	Paris/Bergen-Enkheim	Ab September ist Rothmann für ein Jahr Stadtschreiber von Bergen-Enkheim.	39–40
1994	Berlin/Oberlin (USA)	Wie der erste Roman spielt auch *Wäldernacht* im Ruhrgebiet; Rothmann ist für ein Semester „Writer in Residence" am Oberlin College in Ohio.	41
1997	Berlin	*Berlin Blues* (Schauspiel).	44
1998	Berlin/New York	*Flieh, mein Freund!* ist der erste der in Berlin angesiedelten Romane Rothmanns; dreimonatiger Aufenthalt in New York.	45
1999	Essen	Im Wintersemester Gastprofessur als „Poet in Residence" an der Universität Essen (1999/2000).	46
2000	Berlin	*Gebet in Ruinen* (Gedichtband); mit *Milch und Kohle* erscheint der dritte der Ruhrgebietsromane.	47
2001	Berlin	*Ein Winter unter Hirschen* (Erzählungen).	48
2003	Berlin	*Hitze* ist der zweite der Berliner Romane.	50
2004	Berlin/Braunschweig	*Junges Licht* ist der vierte und bislang letzte der im Ruhrgebiet spielenden Romane Rothmanns. Für dieses Werk erhält der Autor den „Wilhelm Raabe-Literaturpreis".	51
2006	Berlin/Zürich	*Rehe am Meer* (Erzählungen); Rothmann erhält den Max Frisch-Preis.	53

2.1 Biografie

JAHR	ORT	EREIGNIS	ALTER
2008	Weimar	Literaturpreis der Konrad-Adenauer-Stiftung.	55
2009	Berlin	*Feuer brennt nicht* ist der dritte in der Reihe der Berliner Romane.	56
2010	Aachen	Walter-Hasenclever-Literaturpreis.	57
2012	Berlin	*Shakespeares Hühner* (Erzählungen).	59
2013	Berlin/Bad Homburg	*Sterne tief unten* (Erzählung); Friedrich-Hölderlin-Preis.	60
2015	Berlin	Mit **Im Frühling sterben** hat Rothmann großen Erfolg beim Publikum. Der Roman wird in 25 Sprachen übersetzt. Rothmann lehnt es aber ab, sich damit für den Deutschen Buchpreis nominieren zu lassen. Dieser wird seit 2005 jedes Jahr zum Auftakt der Frankfurter Buchmesse verliehen. Der Preis steht seit langem in der Kritik, weil er sich nach Auffassung vieler Autoren zu sehr an den Umsatz- und Marketinginteressen des Buchhandels orientiert.	62
2016	Berlin	Adolf Winkelmanns Verfilmung des Romans *Junges Licht* wird von der Kritik lobend aufgenommen.	63
2017	Berlin	Rothmann erhält den Kleist-Preis.	64
2018	Berlin	*Der Gott jenes Sommers* (Roman) ist nach *Im Frühling sterben* der zweite Roman, in dem Rothmann die Endphase des Zweiten Weltkriegs in den Mittelpunkt stellt; dafür erhält er den Uwe-Johnson-Preis.	65

2.1 Biografie

JAHR	ORT	EREIGNIS	ALTER
2020	Berlin	Rothmann ist innerhalb Berlins schon zwölfmal umgezogen und lebt jetzt im Ortsteil Frohnau; als bislang letztes Buch erscheint *Hotel der Schlaflosen*, ein Band mit Erzählungen. Er arbeitet an einem dritten Roman, der in der Kriegs- und Nachkriegszeit spielt. Dieser soll unter dem Titel *Die Nacht unterm Schnee* im Herbst 2022 erscheinen.	67

2.2 Zeitgeschichtlicher Hintergrund

ZUSAMMEN-FASSUNG

→ In der Endphase des Zweiten Weltkriegs kapitulierte das NS-Regime nicht, obwohl die deutsche Niederlage besiegelt war. Der Kampf wurde bis in den völligen Untergang fortgesetzt.

→ Die misslungene Offensive in Ungarn war so etwas wie das letzte Aufbäumen der Wehrmacht und SS.

→ In den letzten Kriegsmonaten verschärfte die NS-Schreckensherrschaft Massenmord und Terror noch einmal, vor allem gegen KZ-Häftlinge, Zwangsarbeiter und politische Gegner.

→ Deserteure wurden durch eine oft nur pseudo-legale Militärjustiz unnachgiebig bestraft, meistens mit dem Tod.

→ Erst 2002 hob der Bundestag alle Urteile gegen Deserteure des Zweiten Weltkriegs pauschal auf.

Der Krieg in Ungarn

Im Februar 1945, als der Krieg für das nationalsozialistische Deutschland schon längst eine verlorene Sache war, bereitete die Wehrmacht noch einmal eine große Offensive vor. Die 6. Panzerarmee wurde dafür vom Rhein an den **Plattensee (Balaton)** in Ungarn verlegt. Dieser Verband mit einem harten Kern von SS-Leuten hatte an der gescheiterten und verlustreichen Ardennenoffensive an der Westfront teilgenommen und wurde mit unerfahrenen und nur notdürftig ausgebildeten Soldaten aufgefüllt. Weil es nicht genug Freiwillige gab, wurden junge Männer wie Walter und Fiete in *Im Frühling sterben* von den Werbern der SS mit List und Alkohol in die Falle gelockt, andere wurden aus dem Kinosaal oder vom Schul-

Feb. 1945
Verlegung
von Verbänden
nach Ungarn

2.2 Zeitgeschichtlicher Hintergrund

Festnahme von
Juden in Budapest
im Oktober 1944
© Wikimedia
Commons

März 1944 Beset-
zung Ungarns

hof weggeholt (55). Der Titel des Romans spielt ironisch auf das
Unternehmen „Frühlingserwachen" an, das ein Teil der Plattensee-
offensive war.

Im Februar 1945 war das ursprünglich mit Deutschland ver-
bündete Ungarn bereits in weiten Teilen zerstört und zum Schauplatz schwerer Verbrechen des NS-Regimes geworden. Im März
1944 hatte Hitler auf einen Versuch der ungarischen Regierung,
die Seiten zu wechseln, mit der Besetzung des Landes reagiert und
gleich die **Deportation der ungarischen Juden** in Gang gesetzt;
zwischen Mai und Juli des Jahres wurden 437.000 von ihnen sowie eine große Zahl von Sinti und Roma in das Vernichtungslager

2.2   Zeitgeschichtlicher Hintergrund

Auschwitz gebracht, wo die meisten von ihnen in Gaskammern ermordet wurden. Als der „Reichsverweser" Miklós Horthy im Oktober der Sowjetunion ein separates ungarisches Waffenstillstands-
angebot machte, erzwang das Deutsche Reich seinen Rücktritt. Anschließend übernahm die faschistische Pfeilkreuzlerpartei die Regierung. Nach der Machtübernahme der Pfeilkreuzler kam es in
Budapest zu Massenerschießungen, vor allem von Juden. Weitere
76.000 Juden wurden deportiert.

Militärisch befanden sich die deutschen Verbände und ihre ungarischen Kollaborateure in der Defensive. Seit September 1944
war die Rote Armee schrittweise in das Land eingerückt. Anfang
Februar nahm sie nach einer 102 Tage andauernden Belagerung
und heftigen Straßenkämpfen die Hauptstadt Budapest ein. Die **Offensive am Balaton** sollte das Blatt wenden, litt aber von ihrem
verspäteten Beginn am 6. März 1945 an unter ungünstigen Vor-
aussetzungen: Das Gelände in der Steppe bot wenig Deckung, und
die Witterungsverhältnisse waren ungünstig für einen Angriff mit
Kettenfahrzeugen; es hatte getaut und außerdem seit Wochen ge-
regnet. Deshalb blieben die Panzer im Morast stecken, und es wurden kaum Geländegewinne erzielt. Trotz der katastrophalen Lage
und hoher Verluste fanden die SS-Führer Gelegenheit, sich gegenseitig Orden zu verleihen und dies in ausgelassener Stimmung zu
feiern.[1]

Die **Gegenoffensive** der an Soldaten und Ausrüstung weit über-
legenen Roten Armee begann am 16. März 1945 bei inzwischen
besserem Wetter und kam zügig voran. Das seit Monaten schwer
umkämpfte und im Roman mehrfach erwähnte **Stuhlweißenburg**
(Székesfehérvár) musste am 21. März geräumt werden. Die deutsche Front brach nun schnell zusammen, und die Truppen zogen

> Vorrücken der
> Roten Armee seit
> Sept. 1944

> Zusammenbruch
> der deutschen
> Front

---

1   Vgl. zur Offensive in Ungarn: Westemeier (2019), S. 358–364.

2.2 Zeitgeschichtlicher Hintergrund

Rothmanns Vater (zweiter von links) mit Kameraden in Ungarn
© Ralf Rothmann

sich in Richtung Westen zurück. Am 4. April 1945 erreichte die Rote Armee bereits Wien.

Kampf bis in den Untergang

Kapitulation Deutschlands außer Frage

Am Anfang des Jahres 1945 standen die Gegner Deutschlands nicht nur in Ungarn dicht vor den Reichsgrenzen. Eine vernichtende Niederlage an den Fronten im Osten und Westen war kaum zu vermeiden. Im Roman hat Walter gehört, dass die Briten „‚schon an der holländischen Grenze sein'" sollen (20), und weiß deshalb, dass es völlig sinnlos wäre, ihn noch in den Krieg zu schicken. Trotzdem kam eine Kapitulation für die deutsche Führung nicht in Frage. Dies ist ein in der Geschichte ungewöhnlicher Fall; üblicherweise handeln Regierungen in vergleichbarer Lage nach dem Grundsatz „lieber ein Schrecken mit Ende als ein Schrecken ohne Ende". So war es auch im Ersten Weltkrieg; Deutschland kapitulierte, als seine mi-

2.2   Zeitgeschichtlicher Hintergrund

litärischen Kräfte restlos erschöpft waren.[2] Der Zweite Weltkrieg
wurde jedoch bis zum bitteren Ende und der **vollständigen Besetzung des Landes** fortgesetzt. Zu diesem Zweck wurden immer
weitere Teile der Gesellschaft für den Krieg mobilisiert. Schon am
20. 10. 1944 war die Bildung des „Deutschen Volkssturms" ver-
kündet worden, mit dem alle zuvor nicht wehrpflichtigen Männer
im Alter zwischen sechzehn und sechzig Jahren zur Verteidigung
des „Heimatbodens" aufgeboten werden sollten.

    Dabei richtete sich der Krieg zunehmend gegen die Zivilbevölke-
rung. Das selbstzerstörerische Durchhalten hatte Verluste von Men-
schenleben und Zerstörungen von ungeheurem Ausmaß zur Folge.
Die Bomberflotten der Amerikaner und Briten warfen in den ersten
vier Monaten des Jahres **471.000 Tonnen Bomben auf deutsche
Städte** ab. Allein bei dem Angriff auf Dresden im Februar 1945 gab
es bis zu 25.000 Todesopfer. Noch am 16. März starben bei der
Bombardierung Würzburgs 4000 bis 5000 Menschen; 90 % der
historischen Altstadt wurden zerstört. In Ralf Rothmanns Roman
sind der Bombenkrieg und die Tieffliegerattacken allgegenwärtig.
Das Haus von Walters Familie in Essen ist nur noch ein „Ziegelberg"
(47), auch der Gutshof bei Schleswig hat Treffer abbekommen, und
am Ende findet Walter Urban ein vom Krieg schwer beschädigtes
Kiel vor.

    In den Ostprovinzen des Reichs war die Lage für die Zivilbe-
völkerung besonders verheerend. Die Soldaten der Roten Armee
gingen, von der sowjetischen Propaganda dazu ermutigt, mit
großer Härte vor. Viele fühlten sich berechtigt, als Vergeltung für
die deutschen Verbrechen in ihrer Heimat zu morden, zu plündern
und zu vergewaltigen. Die Lage der Bevölkerung wurde durch die

*Krieg gegen die
Zivilbevölkerung*

———

2   Vgl. Kershaw (2011), S. 11 u. 23 f. Das Standardwerk des britischen Historikers liefert eine detail-
lierte Darstellung der letzten Kriegsmonate in Deutschland.

2.2 Zeitgeschichtlicher Hintergrund

Luftangriff auf Kiel im Januar 1944
© Wikimedia Commons

Haltung der örtlichen NS-Funktionäre noch verschlimmert. Mit **Durchhalteparolen** hatten sie die Menschen aufgefordert, bis zuletzt auszuharren, und viel zu spät die Evakuation organisiert. Unter den Millionen, die sich nun hastig unter chaotischen Umständen in einem ungewöhnlich kalten Winter schließlich auf die **Flucht Richtung Westen** machten, überlebten viele die Gefahren und Strapazen nicht. Die Familie Elisabeths in *Im Frühling sterben* wurde aus Westpreußen vertrieben (21), einer Provinz mit einer ethnisch gemischten Bevölkerung, die in der Zeit zwischen den Weltkriegen zwischen Deutschland und Polen aufgeteilt war. Für die Mehrzahl der Deutschen begann die Flucht hier Ende Januar 1945. Elisabeth dürfte also am Beginn des Romans, dessen Binnenhandlung im

2.2 Zeitgeschichtlicher Hintergrund

Februar einsetzt, noch nicht lange in Schleswig-Holstein gewesen
sein.

Unter den genannten Umständen ist es erstaunlich, dass Büro-
kratie und Institutionen in dem zunehmend in Trümmern liegenden Land weiterhin bis in den späten April funktionierten. Gehälter
wurden ausgezahlt; die rationierten Nahrungsgüter mithilfe von Le-
bensmittelmarken verteilt; Konzerte und Filmvorführungen fanden
statt; in dem letzten Fußballspiel schlug Bayern München noch am
23. April den Lokalrivalen TSV 1860 mit 3:2.[3] Im Roman werden
Briefe von seiner Familie in Essen bis Ostern zuverlässig an Walter
ausgeliefert (177). Dies ist ebenfalls ein geschichtlicher Ausnahme-
fall, da Regierungen im Krieg Auflösungserscheinungen normalerweise nicht verhindern können, wenn die militärische Lage hoff-
nungslos wird, so geschehen in Deutschland im November 1918.[4]

> Geschichtlicher Ausnahmefall: Bürokratie und Institutionen funktionieren weiterhin

Der extreme Terror des NS-Regimes gegen jede Form der Oppo-
sition, der 1945 noch einmal intensiviert wurde, ist eine wichtige,
aber nicht hinreichende Erklärung dafür, dass der Widerstand gegen die Fortsetzung des Krieges gering blieb.[5] Offensichtlich hatte die **jahrelange Indoktrination** durch Nazi-Propaganda Wirkung
erzielt. So war das Dogma tief verwurzelt, dass es nie wieder eine
demütigende Niederlage wie 1918 geben sollte und dass deshalb
die Alternative zum totalen Sieg nur die totale Niederlage sein konnte. Führungskräfte des Regimes und des Militärs hatten überdies
nichts mehr zu verlieren; durch seinen Vernichtungsfeldzug und das
Ausmaß und die Grausamkeit seiner Verbrechen hatte Deutschland
alle Brücken hinter sich abgebrochen. Viele hegten zudem Illusio-
nen, dass sich das Kriegsglück noch wenden könnte, etwa durch

> Geringer Widerstand gegen Fortsetzung des Krieges

---

3   Vgl. ebenda, S. 22 f.
4   Vgl. ebenda, S. 24.
5   Vgl. ebenda, S. 26 ff.

2.2 Zeitgeschichtlicher Hintergrund

die rechtzeitige Entwicklung einer Wunderwaffe oder durch einen Bruch zwischen den Westalliierten und der Sowjetunion.[6]

Verbrechen der Endphase

Massenmord und Terror

In den letzten Kriegsmonaten verwandelte sich Deutschland in „ein riesiges Leichenschauhaus"[7], auch weil sich die nationalsozialistische Schreckensherrschaft immer mehr nach innen richtete und auf die wenigen noch besetzten Gebiete wie Ungarn. Massenmord und Terror spielten sich dort nun häufig vor aller Augen mitten in der Öffentlichkeit ab. Die Opfer waren vorwiegend KZ-Insassen, politische Gegner, Deserteure und Häftlinge, die unter sklavenartigen Bedingungen **Zwangsarbeit in der Kriegsproduktion** leisten mussten. Nach dem Krieg fällten Gerichte 410 Urteile zu diesen „Endphaseverbrechen", die von Angehörigen der Wehrmacht, SS und Polizei mit oft sadistischer Brutalität ausgeführt wurden. Oft waren Mitglieder der Hitlerjugend und der lokalen Parteiorganisationen beteiligt. Gewöhnliche Bürger mordeten, ohne zur Rechenschaft gezogen zu werden. Die meisten Verbrechen können einem der folgenden Zwecke zugeordnet werden:

→ Aufrechterhaltung der Kampfmoral um jeden Preis
→ Bestrafung jeder Art von Kriegsmüdigkeit
→ Vertuschung von Verbrechen, vor allem in den Konzentrationslagern
→ Beseitigung der inneren Feinde des Regimes noch in letzter Minute

---

6   Vgl. ebenda, S. 35 f.
7   Ebenda, S. 17.

2.2 Zeitgeschichtlicher Hintergrund

Allein von den 700.000 Häftlingen, die sich Anfang 1945 noch in den Konzentrationslagern befanden, überlebte ein Drittel nicht mehr. Die Lager wurden in aller Eile geräumt, die Baracken niedergebrannt, um Spuren zu beseitigen. In dem Roman beobachtet Walter Urban in der Kaserne in Langenhorn Zwangsarbeiterinnen mit geschorenen Köpfen, die Akten und Häftlingskleidung in einer Lehmgrube versenken müssen (46, 48 f.). Später wird er in Ungarn Zeuge eines der sogenannten Räumungstransporte, mit welchen die Insassen der Konzentrationslager in den letzten Kriegswochen zu Fuß oder in Güterwaggons in zentraler gelegene KZs wie Bergen-Belsen geschickt wurden. Walter sieht, wie entkräftete und ausgehungerte „jüdische Zwangsarbeiter aus den Minen von Bor" (136 f.) willkürlich von den Wachmannschaften erschossen und ausgeraubt werden. Noch im April 1945 kam es im Zuge solcher Todesmärsche zu schweren Massakern, so in Celle und in Gardelegen.[8]

Schon im November 1944 waren lokale Stellen von Polizei und Gestapo ermächtigt worden, zur Abschreckung mehr oder weniger willkürlich Terroraktionen gegen „fremdvölkische Personen" durchzuführen. Anfang 1945 gab es mehrere Millionen ausländische Zwangsarbeiter und Kriegsgefangene in Deutschland, deren Rache man für die Zeit nach dem Krieg fürchtete und die man der Plünderung oder Sabotage verdächtigte. Die Dezentralisierung der Gewalt war ein Freibrief für das Morden. Mit der **wachsenden Untergangsstimmung** kam es an vielen Orten zu willkürlichen Massenhinrichtungen.[9] Der moralische Verfall des NS-Staats steigerte sich damit noch einmal. In *Im Frühling sterben* schildert Rothmann u. a. mit der Ermordung des ungarischen Müllerehepaares und des

Willkürliche Terroraktionen

---

8 Vgl. zu diesem Komplex: Blatmann, Daniel: *Die Todesmärsche 1944/1945. Das letzte Kapitel des nationalsozialistischen Massenmords*. Reinbek: Rowohlt Verlag, 2011.
9 Vgl. Kershaw (2011), S. 325 f.

2.2   Zeitgeschichtlicher Hintergrund

Ziegenhirten durch Fallschirmjäger der SS einen Fall, der sich so zugetragen haben könnte (77 ff.).

Deserteure

Ca. 30.000 Wehrmachtsangehörige zum Tode verurteilt

Fiete Caroli repräsentiert im Roman die Deserteure, die in der letzten Kriegsphase ebenfalls in hoher Zahl ihr Leben verloren. Deutsche Militärgerichte wendeten die Todesstrafe exzessiv an. Insgesamt wurden wegen unterschiedlicher Straftatbestände im Lauf des gesamten Zweiten Weltkriegs ca. 30.000 Wehrmachtsangehörige zum Tode verurteilt. Davon sollen 20.000 tatsächlich hingerichtet worden sein. Andere Soldaten (wie Walters Vater) mussten in Strafbataillonen dienen, welche für besonders gefährliche Einsätze verwendet wurden. **Deserteure wurden unnachgiebig und hart bestraft**, nicht nur wegen der ihnen zur Last gelegten Wehrkraftzersetzung, sondern auch weil sie in starkem Widerspruch zu dem von der nationalsozialistischen Ideologie propagierten Ideal des „harten Mannes" standen.[10]

Die Militärjustiz war ein mit einem Anstrich von Legalität versehenes Machtinstrument des NS-Regimes, das mit drakonischen Mitteln auch gegen Zivilisten in besetzten Ländern vorging. Wenn kein ausgebildeter Jurist als Richter verfügbar war, konnten auch gewöhnliche Offiziere Verfahren leiten. Eine radikale Maßnahme gegen nachlassenden Kampfwillen bei Soldaten und Zivilisten in **Standgerichte** der letzten Kriegsphase war die Einrichtung von Standgerichten von Wehrmacht und SS, die oft innerhalb kürzester Zeit über Leben und Tod entschieden. Dabei wurde das Ausmaß an **Willkür und Grausamkeit**, welches der fiktive Fall Fietes vermittelt, in der Wirk-

---

10   Vgl. Fritsche, Maria: *Männlichkeit* als Forschungskategorie? Vom Nutzen gendertheoretischer Ansätze für die Militär- und Militärjustizgeschichte. In: Claudia Bade, Lars Skowronski, Michael Viebig (Hg.): *NS-Militärjustiz* im Zweiten Weltkrieg. Disziplinierungs- und Repressionsinstrument in europäischer Dimension. Göttingen: V-&-R-Unipress, 2015, S. 61–76.

2.2 Zeitgeschichtlicher Hintergrund

lichkeit häufig noch übertroffen. So war in Unterfranken, während die amerikanische Armee schon ganz in der Nähe war, ein mobiles Standgericht unter Leitung eines Major Erwin Helm in einem grauen Mercedes auf der Suche nach Wehrkraftzersetzern unterwegs.[11] Helm spielte u. a. eine bislang nicht völlig geklärte Rolle, als zwischen dem 26. März und dem 1. April 1945 in Marktheidenfeld vier angeblich fahnenflüchtige Soldaten exekutiert wurden. Ein neunzehnjähriger SS-Angehöriger namens Oswin Lang wurde an der Mainbrücke an einem Telegrafenmast erhängt.[12] An der Leiche wurde ein Schild mit der Aufschrift „Plünderer und Deserteur" befestigt. In Ungarn stößt Walter Urban auf ähnliche Anblicke (118 f.).

Nach dem Krieg wurden Deserteure weiterhin über lange Jahre als Feiglinge und Schwächlinge verleumdet und mussten um ihre Rehabilitierung kämpfen. Dies war Teil des **Verdrängungsmechanismus**, der ein Unrechtsbewusstsein in weiten Teilen der Bevölkerung bis in die Sechzigerjahre nicht aufkommen ließ. Vor Gericht konnten Wehrmachts-Deserteure leicht auf ehemalige NS-Richter treffen. Fast alle blieben unbehelligt und wurden nach dem Krieg in der Bundesrepublik wieder beschäftigt.

Ein **Wendepunkt** war die Affäre um Hans Filbinger, der 1978 als baden-württembergischer Ministerpräsident zurücktreten musste, als enthüllt wurde, dass er als Militärrichter der Kriegsmarine zwischen 1943 und 1945 vier Todesurteile gefällt hatte. Die **öffentliche Diskussion** wurde in den Achtzigerjahren auch durch eine intensivere geschichtliche Erforschung der Militärjustiz und durch autobiografische Bücher ehemaliger Deserteure befördert. Daraus erwuchs schließlich eine **Neubewertung des Problems**. Der His-

Auch nach
Kriegsende
Verleumdung

---

11 Vgl. Kershaw (2011), S. 450.
12 Vgl. „Marktheidenfeld: Vor 70 Jahren: Fliegendes Standgericht kannte keine Gnade." In: „Mainpost", 31. 03. 2015; https://www.mainpost.de/regional/main-spessart/vor-70-jahren-fliegendes-standgericht-kannte-keine-gnade-art-8653557 (Stand: Mai 2021).

2.2   Zeitgeschichtlicher Hintergrund

toriker Volker Ullrich schrieb im September 1991 dazu in „Die Zeit":

> „[...] über eines sollte Einverständnis möglich sein: darüber, dass die Frage der Bewertung der Desertion im Zweiten Weltkrieg sich nicht trennen lässt vom Charakter dieses Krieges, der von Anfang an auf die Unterjochung und Vernichtung ganzer Völker zielte. Angesichts dieser verbrecherischen Dimension des Krieges war ‚Wehrkraftzersetzung' oder ‚Fahnenflucht', war überhaupt jede Form der Verweigerung eine achtenswerte, moralisch gebotene Handlung."[13]

Für Ulrich verdient jeder Deserteur des Zweiten Weltkriegs Respekt, weil er „Sand im Getriebe der NS-Kriegsmaschinerie"[14] war. Aufgrund einer ähnlichen Einschätzung hatte das Bundessozialgericht schon einige Wochen vor dem Erscheinen von Ulrichs Artikel ein Grundsatzurteil gefällt: Es sprach den Hinterbliebenen der von der NS-Militärjustiz wegen Fahnenflucht, Wehrkraftzersetzung und Befehlsverweigerung hingerichteten deutschen Soldaten eine **Opferentschädigung** zu.[15] Ein weiteres wegweisendes Urteil fällte im November 1995 der Bundesgerichtshof. Er stufte die NS-Militärgerichtsbarkeit als von „Blutrichtern" geübte „Terrorjustiz" ein und forderte den Gesetzgeber auf, deren Urteile aufzuheben.[16]

Rehabilitierung von NS-Unrechts-urteilen nach Einzelfallprüfung

Ein **1997 vorgelegter Gesetzentwurf** der Regierung Kohl zur Aufhebung von NS-Unrechtsurteilen sah schließlich die Rehabilitierung von Deserteuren vor, allerdings (mit Ausnahme der von den

---

13 Ullrich, Volker: „Ich habe mich ausgestoßen ..." Das Los von Zehntausenden deutscher Deserteure im Zweiten Weltkrieg. In: „Die Zeit", Nr. 40, 26. 09. 1991, S. 45. Zitiert nach: Wette (2004), S. 509.
14 Ebenda.
15 Vgl. Wette (2004), S. 512.
16 Vgl. ebenda, S. 518.

2.2 Zeitgeschichtlicher Hintergrund

Deserteursdenkmal
in Hamburg-
Neustadt
© Wikimedia
Commons

Standgerichten des Jahres 1945 gefällten Urteile) nicht pauschal, sondern nur nach Einzelfallprüfung. Dies wurde damit begründet, dass Desertion auch in der rechtsstaatlich verfassten Bundesrepublik verboten sei. Von den meisten noch lebenden Wehrmachtsdeserteuren wurde der Gesetzentwurf als **erneute Demütigung** empfunden; eine Einzelfallprüfung wäre in der Praxis in den meisten Fällen schon an fehlenden Dokumenten gescheitert. Erst am 17. Mai **2002** endete unter der rot-grünen Regierung von Gerhard Schröder die langjährige parlamentarische Auseinandersetzung um die **Rehabilitierung der Wehrmacht-Deserteure** mit dem Beschluss des Bundestages, die Urteile gegen sie pauschal aufzuheben.

2.3 Angaben und Erläuterungen zu wesentlichen Werken

ZUSAMMEN-FASSUNG

→ Ralf Rothmann veröffentlichte Gedichte, ist aber vor allem als Verfasser von Romanen und Erzählungen hervorgetreten, die meistens autobiografisch inspiriert sind.

→ Seine Figuren sind oft Außenseiter in einer seelenlosen Gesellschaft, die sich von der Natur und Mitmenschlichkeit entfremdet hat.

→ Er ist ein Chronist der soziokulturellen Umbrüche Deutschlands seit dem Ende des Zweiten Weltkriegs.

→ Rothmanns hat ein großes Gespür dafür, wie urbane und ländliche Räume auf Menschen wirken und ihre Persönlichkeit formen.

→ Rothmanns Werk ist beeinflusst durch die Literatur der Romantik sowie buddhistische und christlich-mystische Lehren.

Ralf Rothmann debütierte 1984 mit dem Lyrikband *Kratzer*, ein weiteres Buch mit Gedichten, *Gebet in Ruinen,* erschien 2000. Er ist auch Autor eines Schauspiels (*Berlin Blues*, 1997) und verfasste ein Hörspiel (*Stolz des Ostens*, 2008) nach einer eigenen Kurzgeschichte. Bekanntheit erlangte er aber vor allem mit seinem umfangreichen erzählerischen Werk. Bis heute liegen sieben Bände mit Erzählungen und neun Romane vor. Der „FAZ"-Kritiker Hubert Spiegel erhob Rothmann schon 2009 in den Rang eines „der wichtigsten deutschen Gegenwartsautoren"; er sei „der vielleicht beste und subtilste Erzähler seiner Generation"[17].

---

17 Spiegel (2009).

2.3 Angaben und Erläuterungen zu wesentlichen Werken

Rothmann interessiert sich besonders für das alltägliche, unspektakuläre Leiden der Menschen. Seine Figuren sind oft sozial **Benachteiligte, Scheiternde, Außenseiter**, welche er aus der Distanz und trotzdem mit Anteilnahme beobachtet. Besonderes Einfühlungsvermögen beweist er für die Probleme von Heranwachsenden. Dabei gilt er als brillanter Stilist: Mit ganz knappen Mitteln – einem Satz, einer Geste, einer Andeutung oder einem kurzen Dialog – bringt Rothmann ein komplexes Innenleben oder die Beziehung zwischen zwei Menschen auf den Punkt.

Das alltägliche Leiden der Menschen

Der Autor gilt außerdem als ein Chronist der Bundesrepublik, deren soziale Umbrüche und sich wandelnde Lebenswirklichkeiten er präzise erfasst. Man kann in ihm einen Vertreter der Psychogeografie sehen, welche erforscht, wie Menschen durch die Orte, an denen sie leben, in ihrer Persönlichkeit geformt werden.[18] Seine atmosphärisch dichten Beschreibungen von Schauplätzen prägen sich durch Tiefenschärfe und sinnliche Qualität ins Gedächtnis ein; so bleibt die Textur des alten Industriereviers an der Ruhr aus Kohle, Stein, Staub, Ruß, Metall und Rost bis heute in Rothmanns Literatur lebendig wie die damit verbundene Kultur aus Kirche, Konsumladen, Tanzcafé und Schrebergarten. Durch sein Gespür für die Wirkmacht von urbanen und ländlichen Räumen macht Rothmann diese selbst zu literarischen Protagonisten, u. a. auch das Berlin der Nachwendezeit, in dem sich „die Statik der Stadtteile verschoben"[19] hatte.

Chronist der Bundesrepublik

Für Hubert Spiegel ist Rothmann außerdem „ein lakonischer Metaphysiker"[20]. Als solcher lässt er wie beiläufig noch im banalen

Christlich-mystische und buddhistische Einflüsse

――――

18 Der Hauptvertreter der Psychogeografie in der Gegenwartsliteratur ist der in London lebende Waliser Ian Sinclair. Siehe zu dem Thema: Lubkowitz, Anneke (Hg.): *Psychogeografie. Eine Anthologie.* Berlin: Matthes & Seitz, 2020.
19 Rothmann: *Feuer brennt nicht*, S. 11.
20 Spiegel (2002).

2.3 Angaben und Erläuterungen zu wesentlichen Werken

Alltag die Schönheit einer höheren, nicht vollständig entschlüsselbaren Wahrheit aufscheinen. Seine „geistige [...] metaphysische Verwurzelung"[21] erklärt Rothmann selbst in der Dankesrede zum Max Frisch-Preis, den er 2006 erhielt, folgendermaßen: „Denn man kann auf die Dauer nicht existieren ohne das leibhaftige Gefühl der Einheit mit allem, also dem All, man wird zum Krüppel an Körper und Seele"[22]. In solchen Überzeugungen und Zielsetzungen machen sich christlich-mystische und buddhistische Einflüsse bemerkbar. In seiner Kindheit war Rothmann „leidenschaftlich gern Ministrant"[23]; die katholische Messe war für ihn ein Trost in der tristen Welt der Zechensiedlung.

Einfluss der Romantik

Mit der Kunst der Romantik teilt Rothmann das Bedürfnis nach Erweiterung des Bewusstseins über die Grenzen der rationalen Vernunft hinaus und ebenfalls die Faszination für das Abgründige und Dunkle der Existenz. In *Junges Licht* repräsentieren es u. a. die Mutter, die den zwölfjährigen Julian aus nichtigem Anlass prügelt, bis der Kochlöffel zerbricht; die Kinder, die aus Langeweile Tiere quälen; der übergriffige Nachbar Gorny, der Julian nachstellt.

Ruhrgebiets-Romane

Die neun Romane lassen sich nach Handlungsort und -zeit in drei Zyklen einteilen. Die vier Ruhrgebietsromane ziehen ihre Inspiration in starkem Maße aus den frühen Erfahrungen Rothmanns in Oberhausen. Die ersten drei dieser Texte haben Ich-Erzähler, die in den Sechziger- und Siebzigerjahren im Ruhrgebiet aufgewachsen sind, nun aber schon lange als Künstler in Berlin oder den USA leben, aus diesem Abstand auf ihre Jugend zurückblicken und die Bedingungen, welche sie geprägt haben, reflektieren. Über vielem liegt eine melancholische Abschiedsstimmung: von der Kindheit, von einer Kultur und Lebensweise und von Menschen: In *Milch und*

— — —

21 Zitiert nach Hammelehle (2018).
22 Rothmann: *Lob der Stille*, S. 43.
23 Zitiert nach Hammelehle (2018).

2.3   Angaben und Erläuterungen zu wesentlichen Werken

Kohle löst der Erzähler Simon die Wohnung seiner verstorbenen Eltern auf.

In *Junges Licht*, dem letzten der Ruhrgebiets-Romane, unterscheidet sich das Erzählverhalten von dem der ersten drei. Julian erzählt ohne erkennbare zeitliche Distanz von seinen Erlebnissen. Die Bergmannssiedlung seiner Jugend zwischen Kohlenhalden und Fördertürmen ist von beengten Wohnverhältnissen, harter körperlicher Arbeit, Entbehrungen, roher Gewalt und dem Wunsch nach bescheidenem Wohlstand und dem kleinen Glück eines Urlaubs bei Verwandten auf dem Land gekennzeichnet. Im Verlauf seiner Sommerferien macht Julian Erfahrungen, durch die er, obwohl noch sehr jung und weitgehend auf sich allein gestellt, schon die erste Schwelle zum Erwachsenwerden überschreitet. Der Roman porträtiert eine Welt, die in Deutschland mit der Schwerindustrie untergegangen ist, die aber gerade durch ihre relative Fremdheit den Leser für seine Themen sensibilisiert: Pubertät, erwachende Sexualität, Ehe und Familie, Kirche und Glaube, Krankheit und Tod. Zu *Junges Licht* gibt es eine sehenswerte Verfilmung von Adolf Winkelmann aus dem Jahr 2016.

Rothmanns Vater als Bergmann in den Sechzigerjahren
© Ralf Rothmann

Unter den drei Berlin-Romanen ist *Feuer brennt nicht* auf besondere Resonanz gestoßen. Das Buch handelt von einem fünfzigjährigen Schriftsteller namens Wolf, dessen Leben wieder einige Parallelen mit dem des Autors aufweist. Rothmann porträtiert ihn mit schonungsloser Offenheit als Egozentriker und zwanghaften Charakter mit brüchiger Männlichkeit, der Angst vor dem Alter hat. Menschliche

2.3 Angaben und Erläuterungen zu wesentlichen Werken

Berlin-Romane

Beziehungen ordnet er seiner Kunst unter und verwandelt sie in Literatur. Er hat seit langen Jahren eine aufopferungsvolle, schöne Gefährtin namens Alina, die eine seiner Kreativität förderliche Umgebung schafft. Alina zerbricht, als Wolf ein Verhältnis mit Charlotte, einer früheren Geliebten, wieder aufnimmt. An dieses Dreiecksverhältnis im Zentrum dockt Rothmann Aphorismen und andere Satellitentexte an, aus denen sich nebenbei ein Porträt Berlins in der Zeit vor und nach 1989 zusammenfügt.

Zuletzt erschienen der Roman *Der Gott jenes Sommers* (vgl. Kap. 3.1, S. 42 f.) und im Jahr 2020 **Hotel der Schlaflosen**, ein Buch mit Kurzgeschichten, die fast alle das Thema Angst variieren. Rothmann schickt dem Band den Titel eines Songs von John Cale voraus: „Fear is a man's best friend." Angst ist für den Autor ein Gefühl, das Menschen lähmen und zerstören kann, das aber auch eine produktive, für das Überleben notwendige Kraft ist.[24]

Ralf Rothmanns Romanzyklen

DIE RUHRGEBIETS-ROMANE	DIE BERLIN-ROMANE	DIE WELTKRIEGS-ROMANE
Stier (1991) *Wäldernacht* (1994) *Milch und Kohle* (2000) *Junges Licht* (2004)	*Flieh, mein Freund!* (1998) *Hitze* (2003) *Feuer brennt nicht* (2009)	*Im Frühling sterben* (2015) *Der Gott jenes Sommers* (2018) *Die Nacht unterm Schnee* (voraussichtlich 2022)

---

24 „Hotel der Schlaflosen" [Im Gespräch mit Franziska Hirsbrunner] (2021). Ab Minute 06:00.

3. TEXTANALYSE UND -INTERPRETATION

3.1 Entstehung und Quellen

ZUSAMMEN-
FASSUNG

→ *Im Frühling sterben* ist Teil eines schon vor Jahrzehnten begonnenen autofiktionalen Schreibprojekts Rothmanns über seine eigene Familie. In dem umfangreichen literarischen Familienkosmos verbinden sich Fiktion und Authentizität.

→ Die Überzeugung, dass der Krieg der Schlüssel zum Verständnis des schweigsamen und schwermütigen Vaters war, entstand schon in der Jugend des Autors, ebenso der Wunsch, über den Vater zu schreiben.

→ Schreiben bedeutet für Rothmann auch, nachträglich Nähe zu den Eltern herzustellen und damit das eigene Leiden an dem Mangel an Aufmerksamkeit und Wärme in der Kindheit zu überwinden.

→ Der Roman ist ein literarischer Gedächtnistext, der kollektive Erfahrungen aus dem Krieg und der Nachkriegszeit verdichtet und für viele Leser wieder greifbar macht.

→ Die Binnenerzählung ist weitgehend fiktiv. Auf das zentrale Geschehen ist Rothmann im Gespräch mit einem alten Mann in Glücksburg gestoßen, der ihm erzählte, dass er im Krieg seinen Freund erschießen musste.

Schreiben über den Vater

Ralf Rothmanns Impuls, sich mit dem Zweiten Weltkrieg literarisch auseinanderzusetzen, kam ursprünglich nicht aus dem Interesse an

3.1 Entstehung und Quellen

dem Krieg an sich, sondern aus der Rolle, die dieser im Leben der Eltern des Autors gespielt hatte:

> „Dass ich darüber geschrieben habe, lag einfach an der Liebe zu meinen Eltern, zu meinem Vater, weil ich ihn verstehen wollte [...] deshalb habe ich mich hineinbegeben in diese Zeit. Ich glaube, sonst hätte ich das gar nicht getan."[25]

Dabei ist Rothmanns Wunsch, über die Eltern zu schreiben, so alt wie sein Interesse an der Literatur selbst. Seinem Vater verdankt er nach eigener Aussage überhaupt den **Initialmoment, der ihn zum Schriftsteller machte**. Wenn der sich von der harten Arbeit unter Tage entspannte, las er gern Jerry-Cotton-Hefte, und in denen fand sein Sohn gereimte Werbesprüche für Schlankheitsmittel, Röntgenbrillen und ähnliches. Diese entzückten ihn im Alter von elf oder zwölf Jahren derart, dass er beschloss, eines Tages selbst „so etwas Zauberhaftes mit Sprache" zu machen.[26] Was wie eine launige Anekdote klingen mag, war für den in dem bildungsfernen Milieu einer Zechensiedlung im Ruhrgebiet aufwachsenden Jungen zweifellos eine Offenbarung.

Gesprächte über Kriegserlebnisse sind tabu

Rothmann spürte früh, dass seine Eltern keine glücklichen Menschen waren und dass dies sein eigenes Wesen und sein Leben beeinflusst hatte. Seine Mutter war emotional verhärtet, der Vater schwermütig und schweigsam. Es war naheliegend, dass die inneren Verletzungen bei den Eltern etwas mit dem Krieg zu tun hatten. Er lag noch nicht sehr lange zurück, als der spätere Schriftsteller geboren wurde, aber wie in Millionen von anderen Familien umgab ihn auch bei den Rothmanns ein Tabu. So wusste der Sohn zwar, dass

---

25 Zitiert aus Hammelehle (2018).
26 Ebd.

3.1   Entstehung und Quellen

seine Mutter während der Flucht aus Westpreußen vergewaltigt
worden war, Fragen danach wurden von ihr jedoch barsch abge-
wiesen.[27] Über die genauen Gründe für die dauerhafte Schwermut
des Vaters wurde ebenfalls nicht geredet:

> „Mein Vater hatte eben aus diesen Kriegsjahren eine unglaub-
> liche Melancholie mitgebracht – nehme ich mal an, ich habe ihn
> vorher nicht gekannt – und diese Melancholie, die hat bei mir
> oftmals so regelrechte Mitleidsanfälle erzeugt. Ich wollte mich
> immer an ihn schmiegen und wollte ihn trösten. Ich wusste nicht
> wofür. Vielleicht nur für sein trauriges Gesicht, aber er ließ das
> nicht zu. Er ließ keine Nähe zu."[28]

Bis zu dem Tod Walter Rothmanns änderte sich an dieser Konstel-
lation nichts, wodurch das „Vakuum, das er mit sich herumtrug"[29]
auch zu dem seines Sohnes wurde.

Dessen Überzeugung, dass der Krieg der Schlüssel zum Verständnis seines Vaters war, verbindet sich besonders mit einer mar-
kanten Erinnerung aus der Zeit, als er neun oder zehn war. Er fragte
seinen Vater einmal am Frühstückstisch, ob er im Krieg jemand erschossen habe. Der ist tief erschüttert, fühlt sich offenbar in die
Enge getrieben und wendet sich hilfesuchend an seine Frau, die
das Kind aus dem Raum schickt. Das **„Verstummen bis ins Herz-
innere"**[30], welches Ralf Rothmann in diesem Moment bei seinem
Vater beobachtete, prägte sich ein. In dieser Szene aus seiner Kindheit verdichtete sich die Unnahbarkeit des Vaters, dem der Junge
so gern geholfen hätte. Zusätzlich bestand die Möglichkeit, dass

*Vater bleibt
sein Leben
lang unnahbar*

---

27   Vgl. ebenda.
28   Zitiert aus Pokatzky (2018).
29   Zitiert aus Hammelehle (2018).
30   Rothmann: „Literatur darf auch rühren! Im Gespräch mit Karsten Otte". Minute 16:00.

3.1 Entstehung und Quellen

am Grund des Schweigens ein Geheimnis lag. Dieses Geheimnis konnte in etwas Schrecklichem bestehen, dass der Vater im Krieg getan oder erlebt hatte. Für Rothmann wurde es im Laufe der Jahre zur Gewissheit, dass er das Kind von traumatisierten Eltern war. Dazu passte, dass er oft träumte, er werde erschossen, was er heute für einen Beleg dafür hält, dass er das elterliche Trauma geerbt hatte.[31]

Kind traumatisierter Eltern

Schreiben als Selbstheilung

So wurde das Schreiben zu einer Methode, sich selbst zu heilen, auch wenn Rothmann diese Wirkung nicht bewusst anstrebte[32]. Mit der Existenz der Eltern würde er zugleich die eigene enträtseln und sich möglicherweise mit dem Mangel an Wärme und Aufmerksamkeit in der Kindheit aussöhnen. Trotz dieses starken Antriebs zur literarischen Produktion blieb der Roman über den Ursprung des Familientraumas ein Plan, der nur langsam Gestalt annahm. Der Tod des Vaters im Jahr 1989 war zwar ein Einschnitt, der dem Sohn „seine Geschichte erst richtig bewusst"[33] machte, aber die gedankliche Arbeit daran und schließlich das Schreiben nahmen dann noch einmal über zwanzig Jahre in Anspruch. Sieht man in der oben beschriebenen Szene am Frühstückstisch den ersten Keim einer Erzählung über den Vater (ca. 1963), dann sind bis zum Erscheinen des Romans (2015) 52 Jahre vergangen.

Bevor Rothmann *Im Frühling sterben* abschließen konnte, war am Ende noch eine existenzielle Erschütterung nötig: ein bewaffneter Raubüberfall, dem er und seine Frau auf einer Straße in Berlin zum Opfer fielen (vgl. Kap. 5, S. 127 ff.). Beinahe wäre sein wiederkehrender Traum vom Erschossen-Werden wahr geworden („„Wir waren einen Lidschlag vom Tod oder Rollstuhl entfernt'"[34]). Dieser Vorfall geschah zu einem Zeitpunkt, als die Niederschrift des

31 Vgl. Sakova (2019).
32 Vgl. ebenda.
33 Zitiert aus Grumbach (2015).
34 Zitiert aus: Redaktion Der Westen (2015).

3.1 Entstehung und Quellen

Romans ins Stocken geraten war. Rothmann empfand den Stoff als psychisch belastend. Zeitweise verfiel er in depressive Stimmungen, und die Ausformulierung der Schlüsselepisode mit Fietes Erschießung wollte ihm ein Jahr lang nicht gelingen, so dass er das Projekt schon einstellen wollte. Erst die durchlittene Todesgefahr versetzte ihn in die Lage, die Passage am folgenden Tag fertig zu schreiben.[35]

Der Roman als Gedächtnisort

Im Frühling sterben erzählt eine Geschichte im Spannungsfeld von Erinnerungs- und Fantasiearbeit. In der Rahmenerzählung schöpft Ralf Rothmann direkt aus dem tatsächlichen Leben seiner Familie: Der Ich-Erzähler ist sein Alter Ego, der Protagonist Walter Urban nach dem Vorbild seines Vaters gestaltet und dessen Frau nach dem seiner Mutter Elisabeth, welche im wirklichen Leben auch den Geburtsnamen Isbahner trug. Walter Rothmann hatte wie Walter Urban eine dreijährige Melkerlehre gemacht und wurde von der Waffen-SS zwangsrekrutiert. Nach dem Krieg arbeiteten die Rothmanns wie Walter und Elisabeth in dem Roman als Melkerehepaar in Böklund, bis die Familie 1958 ins Ruhrgebiet zog.

Die Binnenhandlung ist jedoch weitgehend fiktiv, schon weil der erzählende Nachkomme kaum Konkretes über die Kriegserlebnisse des Vaters weiß. Er sprach mit Zeitzeugen des Krieges in seiner Umgebung, „mit Onkeln und Nachbarn";

Rothmanns Vater
nach dem Krieg
als Melker in
Norddeutschland
© Ralf Rothmann

---

35 Vgl. ebenda.

3.1 Entstehung und Quellen

Überwiegend fiktive Binnenhandlung

hauptsächlich vertraute der Autor aber auf die **„Kraft der Imagination"**[36]. Das zentrale Ereignis – die Hinrichtung Fietes – ist trotzdem nicht frei erfunden. Ein alter Mann, den Rothmann in Glücksburg kannte, hatte ihm erzählt, dass er im Krieg gezwungen worden war, seinen Freund zu erschießen.[37] Diese Geschichte aus einem anderen Leben verschmilzt Rothmann mit der Erzählung über seinen Vater.[38]

Autofiktion

Literatur, die autobiografische und fiktive Elemente verbindet, wird als Autofiktion bezeichnet. Das Mischungsverhältnis kann dabei ganz unterschiedlich ausfallen. *Herkunft* von Oskar Roehler (2011) und *Dämmer und Aufruhr* von Bodo Kirchhoff (2018) sind mit *Im Frühling sterben* vergleichbare autofiktionale Romane. Auch in ihnen werden die Autoren, ihre Eltern und weitere reale Personen zu Romanfiguren. In beiden geht es ebenfalls um **das generationenübergreifende Fortleben von im Krieg erlittenen psychischen Verletzungen**. Solche Romane sind das Ergebnis komplexer, fast lebenslang innerlich vorbereiteter Prozesse der Reimagination und Reflexion von Familiengeschichte. Corinna Dehne spricht in ihrer Untersuchung der autofiktionalen Werke des Franzosen Jean Rouaud von „Gedächtnistexten". In ihnen

„[...] verschränken sich die Zeitgeschichte des 20. Jahrhunderts, das Gedächtnis der Eltern, Großeltern und nahen Angehörigen sowie ein von den historischen Ereignissen existenziell

---

36 Ebenda. Siehe auch Forkel (2019).
37 Rothmann: „Literatur darf auch rühren! Im Gespräch mit Karsten Otte". Minute 18:00.
38 Ausdrücklich nicht beabsichtigt ist ein Bezug zum Leben des Literaturnobelträgers Günter Grass, der in seiner Autobiografie *Beim Häuten der Zwiebel* (2006) zugegeben hatte, dass er sich freiwillig zur Wehrmacht gemeldet hatte und 1944 als 17-Jähriger zur Waffen-SS eingezogen wurde. Nach eigenen Angaben hat Rothmann Grass' Buch gar nicht gelesen und sieht einen entscheidenden Unterschied darin, dass sein Vater vollkommen unfreiwillig den Kriegsdienst antrat. Vgl. ebenda. Minute 20:00.

3.1 Entstehung und Quellen

geprägter familiärer Alltag mit autobiografisch gefärbten Kindheitserinnerungen zu einem literarischen Projekt […]."[39]

Literarische Gedächtnistexte sind ein Versuch, die Geschichte der eigenen Familie vor dem Vergessen zu bewahren.[40] Ihre Bedeutung geht aber weit über das Private hinaus. So zeigt die positive Resonanz, auf die *Im Frühling sterben* getroffen ist, dass Ralf Rothmanns Erzählung **kollektive Erfahrungen aus dem Krieg und der Nachkriegszeit** überzeugend verdichtet hat. Der Roman macht das verdrängte oder undeutlich erinnerte Grauen des Krieges und die Traumata, die er hervorrief, zu einem Phänomen, das für viele Menschen wieder greifbar wird.

Literarische Gedächtnistexte

Literatur, die sich mit der Vergangenheit der Eltern im Dritten Reich und im Krieg beschäftigt, ist ein Genre mit einer reichhaltigen Tradition. *Im Frühling sterben* repräsentiert darin eine neuere Tendenz, wie sie für die Elternliteratur erst in den Zehnerjahren typisch geworden ist. Der Roman ist von einer **wohlwollenden, mitfühlenden Haltung gegenüber den Vätern und Müttern** getragen. Damit unterscheidet er sich von vielen älteren Texten wie Christoph Meckels *Suchbild. Über meinen Vater* (1980). Meckel zielt auf eine Abrechnung mit seinem Vater, der sich dem NS-Regime angepasst hatte. Bei Ralf Rothmann geht es laut Alexandra Pontzen hingegen nicht mehr um „die Anklage der Väter und Mütter wegen ihrer Teilhabe am oder Duldung des NS-Regimes, sondern um Anverwandlung, Nähe und Verständnis"[41].

Neuere Tendenz in der Elternliteratur

---

39 Dehne, Corinna: *Der „Gedächtnisort" Roman. Zur Literarisierung von Familiengedächtnis und Zeitgeschichte im Werk Jean Rouauds*. Berlin: Erich Schmidt Verlag, 2002, S. 9.
40 Ebenda, S. 11.
41 Pontzen (2015), S. 532.

3.1 Entstehung und Quellen

Literarisches Familienepos

Während der Vaterroman jahrzehntelang auf sich warten ließ, deuteten andere Romane und Erzählungen schon auf ihn voraus. Eine Anzahl von **autobiografisch inspirierten Figuren, Themen und Motiven** begegnet dem Leser bei Rothmann in immer neuen Konstellationen. Deshalb fügen sich große Teile des Gesamtwerks zu einem immer umfangreicher werdenden Familienepos zusammen. So sind schon die Familien im Zentrum von *Milch und Kohle* (2000) und *Junges Licht* (2004) deutlich der des Autors nachempfunden. *Im Frühling sterben* erzählt im Prinzip „Was vorher geschah". Man erfährt, wie das Paar, das inzwischen in Oberhausen lebt und zwei Kinder hat, sich kennenlernte und wie Erlebnisse im Krieg beide beschädigt haben. Die verstörende Gewalt gegen Menschen und Natur in Rothmanns Ruhrgebiet der Sechzigerjahre erscheint dabei wie ein Nachhall des Kriegshorrors.

Stier – Sohn im Zentrum

Am Anfang des Rothmannschen Schreibprojekts, in *Stier* (1991), steht der Sohn im Zentrum, die Eltern bleiben am Rand. Später kehrt sich das Verhältnis um. In *Milch und Kohle* verweist der Titel auf die zwei Berufe Melker und Bergmann, welche die Erzähler-Väter immer haben. Das **Trauma-Motiv** klingt in *Junges Licht* an, wenn der Pfarrer den Erzähler Julian auffordert, das Bibel-Zitat mit den „Trauben" vorzulesen, welches später als Motto in *Im Frühling sterben* wiederkehrt. Auch in diesem früheren Roman heißt der Vater Walter und trägt die Tätowierung des ehemaligen SS-Angehörigen auf dem Arm. Als Julians jüngere Schwester ihn mit der Frage bedrängt, ob er im Krieg Menschen erschossen hat, reagiert er in der gleichen Weise, wie es Ralf Rothmann als Kind bei seinem Vater erlebt hatte. *Milch und Kohle* ist vor allem die Geschichte der Mutter und ihrer Versuche, aus ihrem Alltag auszubrechen.

Milch und Kohle – Geschichte der Mutter

Der Gott jenes Sommers – Historische Dimension durch Dreißigjährigen Krieg

Auch in den zwei Büchern, die nach 2015 erschienen, lässt seine Familiengeschichte Rothmann nicht los. *Der Gott jenes Sommers*

3.1 Entstehung und Quellen

(2018) ist ein „Spin-off" von *Im Frühling sterben*. Die Handlung beider Romane verläuft zeitlich parallel. Darin wird die Familie der Protagonistin Luisa Anfang 1945 aus dem bombardierten Kiel auf den nahegelegenen Gutshof Bovenau evakuiert. Walter Urban und seine Verlobte Elisabeth sind wichtige Nebenfiguren, diesmal aus Luisas Perspektive erlebt. Dabei werden insbesondere Elisabeths Persönlichkeit aufschlussreiche Facetten hinzugefügt. Während Walter an der Front ist, erlebt Luisa die Gräuel des Krieges und der Nazi-Herrschaft in Norddeutschland. Schließlich wird sie von ihrem Schwager, einem SS-Offizier, vergewaltigt. In die Geschichte ist eine zweite Erzählebene eingezogen, die in barock anmutender Sprache eine Episode aus dem Dreißigjährigen Krieg erzählt, der dreihundert Jahre zuvor die gleiche Gegend verwüstet hatte. Dadurch kommt dem familiären Erzählprojekt eine zusätzliche historische Dimension zu.

Der Erzählungsband *Hotel der Schlaflosen* (2020) erweitert ebenfalls das Rothmannsche Familienepos, u. a. mit der Erzählung *Geronimo*, die im Jahr 1960 im Ruhrgebiet spielt. Ein Erzähler, der wieder die Züge des Autors trägt, berichtet über ein Kindheitserlebnis mit seinem Vater. Die beiden sind zum Einkaufen unterwegs, als ein Betrunkener sie mit einem Revolver bedroht. Es ist das gleiche Modell, das der Vater selbst im Krieg hatte, eine Sauer 38, und er erkennt, dass sie geladen ist, aber er fragt den Unbekannten nur: „Ja, und jetzt?" und lächelt:

Geronimo – Kindheitserlebnis mit Vater

> „Es war dieses überraschende, in meiner Kindheit kein dutzend Mal erlebte, aus der grauen Aura seiner Melancholie hervorstrahlende Lächeln, in dem ich zu lesen meinte, dass es nicht nur Arbeit und Enge in unserm Leben gab, die sorgenvolle Alltäglichkeit, sondern auch ein tief verschüttetes Glücksvorkommen, etwas Geheimes, das sich im richtigen Moment in Wohl-

3.1 Entstehung und Quellen

„Eimer voll goldenen Lichts"

wollen für alle und jeden verwandelte. Ich zumindest fühlte mich bei diesem Lächeln stets, als würden Eimer voll goldenen Lichts über mich geleert."[42]

Hier dringt eine Erinnerung an die Oberfläche, die etwas **Magisches und Wunderbares** hat, weil sie offenbart, dass sein Vater nicht nur Opfer der Zeitumstände und seiner Traumatisierung war, sondern sich Reste seiner Liebes- und Glücksfähigkeit bewahrt hat. Damit schenkt er dem Kind seltene, aber intensive Momente der Freude. Solange es dauert, ist der Vater von seiner Traurigkeit befreit und der Sohn von seinem Leiden an der fehlenden Nähe. Indem der Erzähler über diese erlösende Erfahrung schreibt und sie in das funkelnde Bild des „goldenen Lichts" fasst, verleiht er dem Lächeln des Vaters noch viele Jahre danach Dauer. Dem wesentlichen Ziel seines autofiktionalen Schreibprojekts kommt Ralf Rothmann in solchen Passagen sehr nah.[43]

Andere Texte in *Hotel der Schlaflosen* docken thematisch an das Familien-Narrativ an; es geht darin um Gewalt und die **Weitergabe von traumatischen Erfahrungen über die Generationen hinweg**. Die titelgebende Kurzgeschichte spielt wie die Weltkriegsromane vor dem Hintergrund eines Systems, dessen Macht sich auf Angst, Terror und Mord stützt. Hauptfiguren sind der russische Dichter Isaak Babel und sein Henker, der stalinistische Geheimdienstoffizier Wassili Blochin.

Die Nacht unterm Schnee – Geschichte der Mutter

Im Frühling sterben nimmt nach gegenwärtigem Stand in Ralf Rothmanns Familienepos eine zentrale Stellung ein, bildet aber noch längst nicht den Abschluss. Ein dritter, in Arbeit befindlicher Band mit dem Titel *Die Nacht unterm Schnee* wird den Komplex

---

42 Rothmann: *Hotel der Schlaflosen*, S. 53.
43 Zu *Geronimo* findet sich eine Aufgabe mit Lösungsvorschlag in Kapitel 6, S. 133 ff.

3.1 Entstehung und Quellen

der in der Kriegs- und Nachkriegszeit spielenden Romane zu einer Trilogie erweitern. Darin widmet sich Rothmann noch einmal der Geschichte von Elisabeth (und damit auch seiner Mutter). Er erzählt von ihrer Kindheit im Krieg und der Flucht aus der Gegend um Danzig, wo sie vergewaltigt wird, von ihrer Ankunft in Schleswig-Holstein und dem Umzug ins Ruhrgebiet. Wie bei allen Romanen Rothmanns wird es sicher auch in diesem Fall möglich sein, ihn ohne Kenntnis der vorausgegangenen mit Gewinn zu lesen. Anregender ist es aber, wenn man mehr darüber weiß, was seine Texte untereinander und diese wiederum mit dem realen Leben des Autors verknüpft. Deshalb soll auch in diesem Erläuterungsbuch gelegentlich auf andere Romane und Erzählungen Rothmanns eingegangen werden.

3.1 Entstehung und Quellen

RALF ROTHMANNS

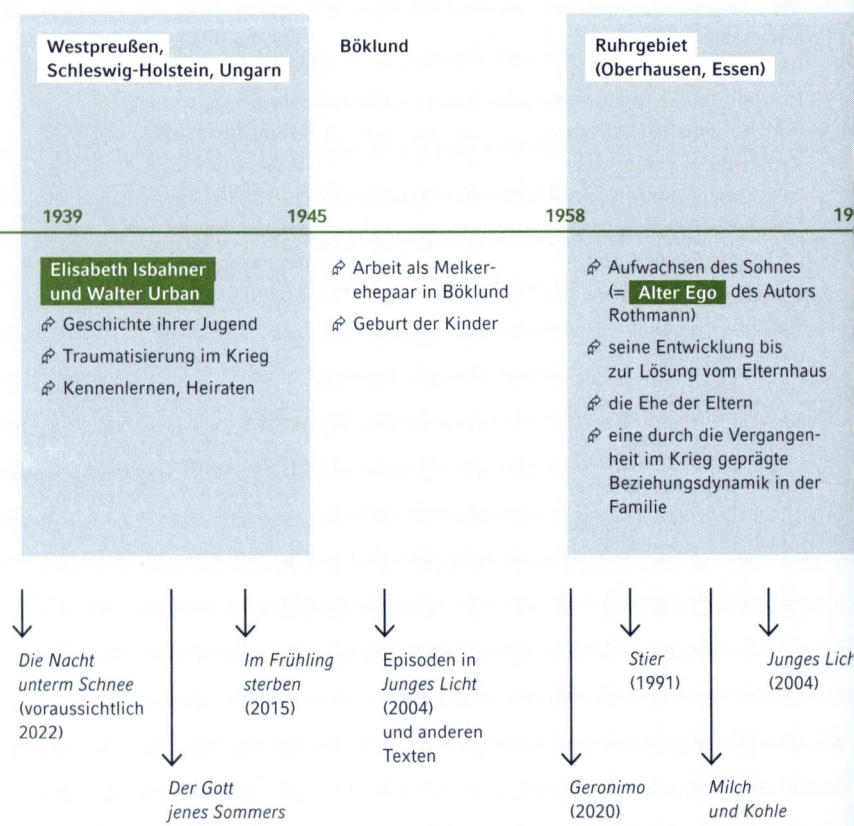

Westpreußen, Schleswig-Holstein, Ungarn

Böklund

Ruhrgebiet (Oberhausen, Essen)

1939   1945   1958   19

Elisabeth Isbahner und Walter Urban

🔗 Geschichte ihrer Jugend

🔗 Traumatisierung im Krieg

🔗 Kennenlernen, Heiraten

🔗 Arbeit als Melker-ehepaar in Böklund

🔗 Geburt der Kinder

🔗 Aufwachsen des Sohnes (= Alter Ego des Autors Rothmann)

🔗 seine Entwicklung bis zur Lösung vom Elternhaus

🔗 die Ehe der Eltern

🔗 eine durch die Vergangenheit im Krieg geprägte Beziehungsdynamik in der Familie

↓ *Die Nacht unterm Schnee* (voraussichtlich 2022)

↓ *Im Frühling sterben* (2015)

↓ *Der Gott jenes Sommers* (2018)

↓ Episoden in *Junges Licht* (2004) und anderen Texten

↓ *Stier* (1991)

↓ *Geronimo* (2020)

↓ *Milch und Kohle* (2000)

↓ *Junges Licht* (2004)

3.1 Entstehung und Quellen

LITERARISCHER FAMILIENKOSMOS

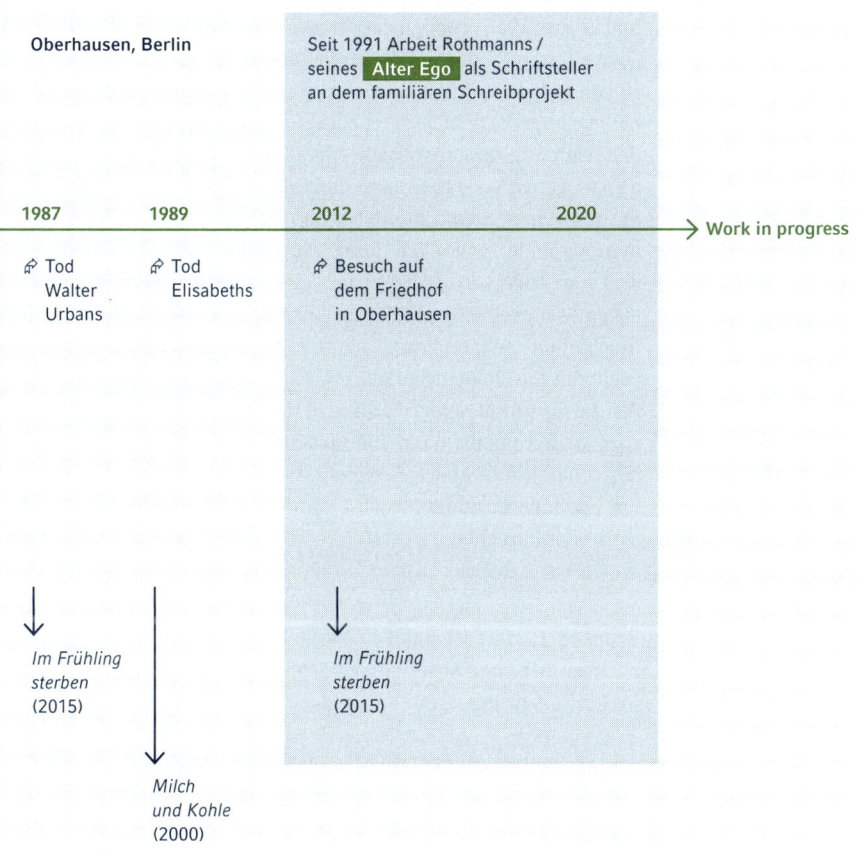

Oberhausen, Berlin

Seit 1991 Arbeit Rothmanns / seines **Alter Ego** als Schriftsteller an dem familiären Schreibprojekt

| 1987 | 1989 | 2012 | 2020 | → Work in progress |

⚰ Tod Walter Urbans

⚰ Tod Elisabeths

⚰ Besuch auf dem Friedhof in Oberhausen

↓

Im Frühling sterben (2015)

Im Frühling sterben (2015)

↓

Milch und Kohle (2000)

3.2 Inhaltsangabe

ZUSAMMEN-FASSUNG

Im Februar 1945 arbeiten die knapp achtzehnjährigen Freunde Walter und Fiete als Melker auf einem Gut in Schleswig-Holstein. Ihre Hoffnung, so kurz vor dem Kriegsende nicht mehr eingezogen zu werden, ist vergeblich. Sie werden von der Waffen-SS zwangsrekrutiert und an die Front in Ungarn geschickt, wo sie das Grauen des Krieges erleben, während die deutschen Streitkräfte sich schon auf dem Rückzug befinden. Als Fiete schließlich desertiert, wird er festgenommen und zum Tode verurteilt. Walter setzt sich verzweifelt, aber erfolglos für seine Begnadigung ein und muss sogar an Fietes Erschießung teilnehmen. Nach dem Krieg heiratet er seine Freundin Elisabeth, arbeitet für einige Jahre wieder als Melker, bevor er mit seiner Familie in das Ruhrgebiet zieht. Er spricht aber mit niemand über das Erlebnis, das ihn traumatisiert hat. Die zentralen Geschehnisse hat Walters Sohn, der Ich-Erzähler, erfunden. Auch er konnte Walters Schweigen nicht durchbrechen.

Im Frühling sterben ist nicht in Kapitel eingeteilt. Es gibt lediglich Lücken zwischen Abschnitten, meistens bei einem Ortswechsel und/oder Zeitsprung.

Rahmenerzählung, Teil I: Der Tod des Vaters (7–13)

Oberhausen 1987

Weil sein Vater im Sterben liegt, reist ein namenloser Schriftsteller 1987 an den Ort seiner Jugend, nach Oberhausen. Der Sohn kennt seinen Vater nur als schweigsam und melancholisch. Er war Fragen zu seiner Vergangenheit, vor allem zu seinen Erlebnissen im Krieg,

3.2   Inhaltsangabe

stets ausgewichen. Auf dem Sterbebett wird der schon Verwirrte
von Alpträumen gequält. Seine Frau erklärt dem Sohn, dass der
Vater jetzt wieder im Krieg sei.

Das Fest im Fährhof; die Zwangsrekrutierung (13–45)

Die Geschichte der Kriegserlebnisse des Vaters beginnt an einem
Tag im Februar 1945 auf dem Gut Bovenau bei Rendsburg[44]. Dort
arbeiten der siebzehnjährige Walter Urban und sein bester Freund
Fiete Caroli als Melker. Walter hat sich in das Flüchtlingsmädchen
Elisabeth verliebt. Alle hoffen, dass Walter und Fiete nicht mehr
eingezogen werden, denn alle Zeichen deuten auf eine Niederlage
Deutschlands und ein baldiges Kriegsende hin. Für den Abend hat
der Reichsnährstand (der nationalsozialistische Bauernverband) zu
Freibier und Tanz in den „Fährhof" am Kaiser-Wilhelm-Kanal (heu-
tiger Name: Nord-Ostsee-Kanal) eingeladen. Dort trifft Walter Elisabeth und Fiete sowie dessen Freundin Ortrud und ihre Schwester
Hedwig. Fiete ist angetrunken und übermütig. Als der SS-Soldat
Ernst Kobluhn, Hedwigs Verlobter, sich mit der Tötung von Zivilisten an der Front brüstet, bringt Fiete seine Verachtung deutlich
zum Ausdruck. Bald darauf stellt sich heraus, dass die Einladung
zum Fest nur ein Vorwand war. Ein SS-Offizier und der Bauernführer
halten Reden, in denen die anwesenden jungen Männer unmissver-
ständlich aufgefordert werden, sich für den Fronteinsatz zu melden.
Auch Walter und Fiete erhalten sofort ihren Einberufungsbescheid
für den nächsten Tag. Anschließend sucht Walter vergeblich Elisabeth in der Menge und geht allein zum Gutshof zurück. Zu seiner
Überraschung erwartet sie ihn schon in seiner Schlafkammer.

Schleswig-
Holstein,
Gut Bovenau
Februar 1945

---

44   Der Name des Gutes ist aus dem Nachfolgeroman *Der Gott jenes Sommers* bekannt.

3.2 Inhaltsangabe

Auf dem Weg an die Front (45–71)

Hamburg, Ingolstadt, Graz

Während der auf drei Wochen verkürzten Grundausbildung in Hamburg-Langenhorn macht Walter den Führerschein. Am letzten Tag erhält er ein Päckchen und einen Brief von seiner Mutter. Er erfährt, dass sein Vater, der als Wachmann im KZ Dachau eingesetzt war, degradiert und an einen unbekannten Ort versetzt wurde. Den Rekruten wird ihre Blutgruppe auf dem Arm eintätowiert. Kurz bevor sie nach Ungarn in Marsch gesetzt werden, sieht Walter durch das Fenster der Baracke, wie eine Zwangsarbeiterin in einer Lehmgrube ertrinkt (45–53). In der ersten Nacht kommt Walters Einheit bis in die Gegend von Ingolstadt. Er meldet sich mit drei anderen freiwillig zum Essenholen in einem Dorfgasthaus in der Nähe. Dort treffen die unerfahrenen Rekruten auf zwei Feldpolizisten der SS, die sie ins Verhör nehmen und maßregeln. Auf dem Rückweg werden sie von einem amerikanischen Jagdbomber angegriffen, überleben aber mit knapper Not (53–64). Die zweite Unterbrechung der Fahrt findet in der Umgebung von Graz statt. Die Rekruten verbringen einen Tag in einem künstlichen Höhlensystem bei Abelsried. Darin befindet sich ein Lazarett, in dem laufend schwer verwundete Soldaten von der Front eingeliefert werden. Fiete äußert Walter gegenüber erstmals die Idee zu desertieren (64–71).

Der Krieg in Ungarn (71–110)

Pécs, Totis

Walter ist seit einigen Wochen als Fahrer einer Nachschubeinheit in Pécs im Einsatz, als er zusammen mit einem anderen Soldaten den Auftrag erhält, drei Fallschirmjäger bei einer Mühle abzuholen. Er kennt die Bewohner der Mühle bereits; sie haben verwundete Deutsche gepflegt. Als sie jedoch dort eintreffen, haben die betrunkenen SS-Männer offensichtlich schon die Tochter des Müllerehepaares ermordet. Walter kann nicht verhindern, dass sie auch den Müller, seine Frau und einen Hirten auf grausame Weise töten (71–86). Wal-

3.2 Inhaltsangabe

ters Einheit hat sich nach Totis zurückgezogen. Bald darauf bleibt
sein LKW nachts mit Getriebeschaden bei einem Transport von Verwundeten in den Bergen liegen. Neben ihm im Führerhaus sitzt Jochen Greiff, der Sohn des Kommandeurs der Versorgungseinheit.
In der Morgendämmerung entdeckt ein russischer Jagdflieger den
LKW und greift im Tiefflug an. Es gelingt Walter rechtzeitig, Jochen
aus dem Führerhaus zu ziehen. Aber die verletzten Soldaten auf
der Ladefläche sterben ausnahmslos **(86–99)**. Eine Woche später
besucht Walter den am Rücken verwundeten Fiete im Lazarett in
Totis, obwohl es Luftalarm gegeben hat. Walter weiß inzwischen,
dass sein Vater nicht weit entfernt bei Stuhlweißenburg gefallen ist.
Als neben dem Lazarett eine Bombe einschlägt, flüchten die beiden
aus dem Gebäude, das an einem See gelegen ist. Es herrscht eine
unbeschreibliche Hitze, verursacht durch Phosphorbomben, welche die Russen auf der anderen Seeseite eingesetzt haben. Walter
und Fiete sehen brennende Menschen und im Wasser treibende
Leichen. Schließlich retten sie sich in eine Kirche, in der eine Her-
de Steppenrinder angebunden ist. Wieder spricht Fiete von seinem
Wunsch zu desertieren. Walter warnt ihn vor den Gefahren und sorgt
sich um das durstige Vieh. Er findet Eimer und eine Schubkarre und
holt Wasser aus dem See **(99–110)**.

Die Suche nach dem Grab des Vaters (111–137)

Walter wird zu seinem Kommandeur Greiff bestellt, der sich bei   Klauben
ihm dafür bedankt, dass er seinem Sohn das Leben gerettet hat. Er
gewährt ihm ein paar freie Tage, damit er das Grab seines Vaters su-
chen kann **(111–115)**. Auf einem Motorrad durchquert Walter eine
vom Krieg entvölkerte Landschaft in Richtung auf die Hauptkampfli-
nie. Immer wieder passiert er Bäume mit gehenkten Deserteuren. Er
findet mehrere Soldatenfriedhöfe, aber sein Vorhaben erweist sich
schnell als aussichtslos. Trotzdem fährt er weiter, bis ihm am fol-

genden Tag lange Militärkolonnen entgegenkommen. Der deutsche Rückzug ist in vollem Gang, und Walter muss umkehren **(115–126)**. Auf dem Rückweg sieht er Trecks von Ungarndeutschen mit Hand- und Pferdekarren auf der Flucht vor der sich nähernden Roten Armee. In Klauben macht Walter Station. Nachdem er auch dort vergeblich nach dem Grab des Vaters gesucht hat, begibt er sich in die Kommandantur der Wehrmacht in einem Hotel am Marktplatz. Hier befindet sich die alte Ordnung in vollständiger Auflösung. Offiziere in Untergangsstimmung feiern eine ausschweifende Orgie. Eine verzweifelte junge Wehrmachtshelferin sucht vergeblich bei Walter Anschluss. Als er das Hotel verlässt, findet er einen Offizier, der sich erschossen hat. Am nächsten Tag überquert er die Raab, in der Leichen von russischen und deutschen Soldaten treiben. Danach begegnet ihm ein Transport mit jüdischen Zwangsarbeitern, die von den Wachmannschaften willkürlich erschossen und ausgeraubt werden **(126–137)**.

Letzte Begegnungen mit Fiete; die Exekution (137–177)

Abda

In Abda meldet Walter sich bei seiner Einheit zurück. Auch hier hat die Disziplin nachgelassen; die Belegschaft seiner Stube ist schon mittags angetrunken. Zu seinem Entsetzen teilen die anderen ihm mit, dass Fiete wegen Fahnenflucht zum Tode verurteilt wurde. Am folgenden Morgen soll er von seinen Stubenkameraden, also auch von Walter, erschossen werden **(137–141)**. Fiete wartet in einer Zelle im Keller auf seine Hinrichtung. Walter wird nicht zu ihm vorgelassen, aber er entdeckt ein Fenster, durch das er mit dem Freund sprechen kann. Er erfährt, dass Fiete sich bei seinem Fluchtversuch in der Nacht verlaufen hatte und von Feldpolizisten aufgegriffen wurde **(141–146)**. Inzwischen hat der SS-Sturmbannführer Domberg den am Tag zuvor gefallenen Greiff als Kommandant ersetzt. Walter dringt zu ihm vor und versucht hartnäckig, ihn davon zu über-

3.2 Inhaltsangabe

zeugen, dass Fiete es verdient hat, nicht hingerichtet zu werden.
Seine Bemühungen bleiben aber erfolglos; Domberg warnt ihn, dass
eine Weigerung, an der Erschießung teilzunehmen, auch für Walter
das Todesurteil bedeuten würde. Er erteilt ihm aber die Erlaubnis,
sich von Fiete in seiner Zelle zu verabschieden **(146–157)**. Walter
bringt für den Freund Essen, Zigaretten, Salbe und Verbände mit. In
ihrer letzten gemeinsamen Stunde spricht fast nur Fiete. Er zittert
vor Angst, deutet aber eine neue Freiheit an, die von der Todesnähe
ausgehe. Walter ist vor Furcht und Grauen gelähmt. Er weiß bereits, was es in ihm anrichten wird, wenn er den Freund erschießen
muss. Als Letztes gesteht er ihm, dass er am Morgen dabei sein
wird. Aber Fiete hört es schon nicht mehr; er hat bereits mit dem
Abschiedsbrief nach Hause begonnen, den der Kommandant ihm
gewährt hat **(157–168)**. Walter denkt daran, danebenzuschießen,
aber die anderen Soldaten des Erschießungskommandos ermahnen
ihn, das nicht zu tun, weil es bedeuten würde, dass sie alle gleich
an die Front geschickt würden. Der Tag der Exekution ist der Karfreitag. Fiete wird sofort am selben Ort begraben. Walter erleidet
einen Zusammenbruch und wird mit der Diagnose „Frontkoller" in
das Lazarett gebracht **(168–178)**.

Das Ende des Krieges; Rückkehr nach Deutschland (178–210)

Kurz vor dem Kriegende im Mai 1945 ergeben sich die Reste von
Walters Einheit in Österreich der US-Armee. Er wird gefangen ge-
nommen und in ein Lager südlich von Salzburg gebracht, einige
Tage später nach Dachau, wo die US-Armee im ehemaligen Konzentrationslager Kriegsgefangene unterbringt. Nach seiner Entlas-
sung kommt er zunächst in das von Bomben zerstörte München
und erlebt die Not der Bevölkerung und der heimkehrenden Soldaten **(178–190)**. Auch seine Heimatstadt Essen liegt in Ruinen,
die Menschen leiden Hunger. Walter wird von seiner Schwester

Mai 1945 Salz-
burg, Dachau

Essen

3.2 Inhaltsangabe

Gut Bovenau

freudig empfangen, aber seine Mutter, die einen neuen Liebhaber hat, zeigt sich kalt und abweisend. Nach kurzem Aufenthalt setzt er seine Reise in den Norden fort **(190–199)**. Als Walter auf dem Gut Bovenau eintrifft, weht dort die britische Flagge. Seine Hoffnung, hier wieder arbeiten zu können, erfüllt sich nicht. Der Verwalter Thamling liefert nur noch an die Alliierten, und die Umstellung des Hofes auf Maschinenarbeit ist in vollem Gang. Aber er stellt ihm eine Beschäftigung als Melker auf einem anderen Gut in Böklund in Aussicht. Dafür würde er eine Frau benötigen; Thamling empfiehlt ihm, sich um Elisabeth zu bemühen, die jetzt in Kiel als Kellnerin arbeitet **(199–207)**. Mit dem Auto, das Thamling ihm leiht, hält Walter an einem Waldrand, von welchem er den Fähranleger über den Kanal sehen kann. Im Steuerhaus steht Ortrud, Fietes Freundin, und Walter kann erkennen, dass sie schwanger ist. Er entscheidet sich dagegen, auf die Fähre zu fahren, und nimmt einen anderen Weg **(208–210)**.

Rothmanns Eltern Elisabeth und Walter als Verlobte in Kiel 1946 © Ralf Rothmann

Walter und Elisabeth, Wiederbegegnung in Kiel (210–227)

Walter trifft Elisabeth bei ihrer Arbeit in einem Lokal am Kieler Hafen an. Sie nimmt ihn mit in ihr Zimmer unter dem Dach des Gebäudes. Er fragt sie, ob sie ihn heiraten und mit ihm die in Aussicht stehende Stelle als Melkerehepaar antreten will. Elisabeth zögert; sie ist eigentlich zufrieden mit ihrem Leben in Kiel und fühlt sich mit siebzehn noch zu jung für eine Heirat. Nachdem sie miteinander geschlafen haben, bringt Elisabeth das Gespräch

3.2 Inhaltsangabe

auf Fiete. Als sie wissen möchte, ob Walter gesehen hat, wie der
Freund erschossen wurde, weicht er aus. Schließlich fragt er Elisabeth noch einmal, ob sie mit ihm nach Böklund gehen wird, und
sie gibt ihm ihr Jawort.

Epilog (229–234)

Seit dem Tod Walter Urbans sind inzwischen fünfundzwanzig Jahre
vergangen, in denen sein Sohn nur selten seine Heimatstadt Oberhausen besucht hat. Weil ihm mitgeteilt wurde, dass die Grabstätte
der Eltern bald aufgehoben werden soll, reist er nun dorthin. In einem Schneegestöber lässt er sich zum Friedhof fahren, sucht dort
aber vergeblich nach dem Grab.

Oberhausen 2012

3.3 Aufbau

→ Der Roman erzählt eine Geschichte in der Geschichte, wobei der Schwerpunkt auf der langen Binnenerzählung liegt.

→ Ralf Rothmann legt zahlreiche Spuren von sich selbst und seinen Eltern zu Figuren des Romans. Die Ebene der Fiktion und die der realen Familie Rothmann durchdringen sich gegenseitig.

→ Durch den poetischen Subtext, der aus vernetzten Metaphern, Motiven und Anspielungen besteht, werden die verschiedenen Ebenen des Romans durchlässig füreinander gemacht.

→ In *Im Frühling sterben* überlagern sich vier sinnstiftende Erzählungen (Narrative), darunter das Narrativ der Übertragung von Traumata über Generationsgrenzen hinweg und das Narrativ der Apokalypse nach dem Vorbild der Johannesoffenbarung aus dem Neuen Testament.

→ Mit dem Narrativ des ungelebten Lebens wirft der Ich-Erzähler die Frage auf, was für seinen Vater und ihn selbst möglich gewesen wäre, wenn die traumatisierenden Ereignisse nicht eingetreten wären.

→ Ein weiteres Narrativ hat die Form eines unauflösbaren Dilemmas. Walter wird „unschuldig schuldig" wie in der griechischen Tragödie.

Erzählebenen

Geschichte in der Geschichte

Im Frühling sterben enthält eine Geschichte in der Geschichte. Der erzählerische Schwerpunkt liegt auf der langen Binnengeschichte

3.3 Aufbau

über die traumatischen Kriegserfahrungen des Protagonisten Walter Urban. Als Klammer liegt darum der kurze Rahmenbericht, den Walters Sohn 67 Jahre nach Kriegsende und 25 Jahre nach dem Tod seines Vaters vornimmt. Gewöhnlich ist der **Ich-Erzähler** einer **Rahmengeschichte** ein Medium zwischen dem Leser und der Binnenerzählung; er gibt Auskunft über die Herkunft des Erzählten, nennt Quellen und Zeugen und wirbt damit um Vertrauen. In diesem Fall trifft das aber nicht zu. Der Übergang zwischen den Teilen ist abrupt; außerdem wissen wir, dass Walter Urban seinem Sohn derartiges nie anvertraut hat (10). Aus seinen letzten, wirren Worten auf dem Sterbebett lässt sich zwar schließen, dass er nie über etwas im Krieg Erlebtes hinweggekommen war (12). Was ihn genau belastete, hat er aber für sich behalten. Es ist so gut wie sicher, dass die Binnenerzählung von seinem Sohn erfunden ist, aber auch das bestätigt dieser nicht. Der Ich-Erzähler deutet damit selbst an, dass er auch ein **unzuverlässiger Erzähler** ist, dem man nicht jedes Wort glauben sollte. Das gesamte Familienepos Rothmanns (vgl. Kap. 3.1, S. 42 ff.) ist voll von solchen absichtsvollen Unschärfen und Verwandlungen im Grenzbereich von Autobiografie und Fiktion. So hat Elisabeth Isbahner in *Im Frühling sterben* eine jüngere Schwester, in dem Nachfolgeroman *Der Gott jenes Sommers* aber fünf kleine Brüder.

Grenzbereich von Autobiografie und Fiktion

Die **Binnenschichte ist in der dritten Person erzählt**. Es gibt eine lenkende Instanz, aber diese hält sich im Hintergrund. In vielen Passagen dominiert **neutrales Erzählverhalten**. Das bedeutet, dass der Erzähler sich wie ein unbeteiligter Zuschauer verhält und die **Außenperspektive** bevorzugt, selbst angesichts furchtbarer Grausamkeiten. Die Gefühle der Figuren sind meistens nur indirekt erschließbar aus ihren Worten und Reaktionen. Regelmäßig findet aber auch ein Übergang in die **personale Erzählsituation** statt. Dann werden dem Leser Einblicke in Walters Inneres gewährt. Zum

3.3 Aufbau

Beispiel teilt der Erzähler einmal explizit mit, was Walter durch den Kopf geht, als er Elisabeth ansieht: „[...] fiel Walter einmal mehr auf, dass [...]" (32). Ein Wechsel in die **Innenperspektive** kündigt auch emotional herausragende Momente an, so Walters Verzweiflung am Ende des Gesprächs mit dem SS-Offizier Domberg: „Seine Augen brannten, wurden feucht, und sein Puls pochte ihm derart in den Ohren, dass er selbst kaum hörte, was er durch die zusammengebissenen Zähne sagte" (157).

Im Hintergrund wirkender Erzähler

Der unauffällig im Hintergrund wirkende Erzähler bringt den Leser außerdem gelegentlich auf Walters Kenntnisstand wie in dem Satz: „Die Nachschubtruppe war inzwischen in Tata, deutsch Totis, stationiert, in den Kellern der wuchtigen Burganlage" 87). Weitere Informationen sind in sieben **Briefen** enthalten, die in die Binnenerzählung eingeschoben sind. Das Gespräch in der Todeszelle enthält eine Passage, in der Fiete praktisch als **Sprachrohr des Autors** fungiert, indem er die Handlung kommentiert. Mit der Theorie von der Traumavererbung bietet der Erzähler dem Leser direkte Hinweise zum Verständnis seiner Geschichte an. Gleichzeitig wirken Fietes Erklärungen als **Vorausdeutung** auf das, was Walter und seinen Nachkommen in der Zukunft bevorsteht (162–163).

Die Binnenerzählung beginnt **„in medias res"**, führt also unvermittelt in das Geschehen hinein, und geht danach **chronologisch** vor. Die erzählte Zeit reicht von Februar bis Juli 1945 und ist in relativ eigenständige **Episoden** eingeteilt. Fast jede dieser Episoden führt neue Nebenfiguren ein, die später nur am Rande wieder vorkommen oder gar nicht mehr (z. B. das „Blitzmädel" Reinhild Lerche, 124 ff.), und veranschaulicht unterschiedliche Aspekte des Krieges, später auch der sich entwickelnden Nachkriegsgesellschaft. Jede Episode hat ihren eigenen **Spannungsbogen**: Wird Fiete desertieren? Findet Walter das Grab des Vaters? Kann Walter Fiete retten? Darüber hinaus ist vieles von Beginn an entschieden, denn

3.3 Aufbau

das übergeordnete Kriegsgeschehen ist schon im Februar an Sinnlosigkeit und Grausamkeit nicht mehr zu überbieten. Es überwältigt die Figuren und muss von ihnen erlitten werden.

Die **erzählte Zeit** der Episoden umfasst nur jeweils Stunden oder ein bis zwei Tage, für welche viel **Erzählzeit** vorgesehen ist. Dies verdeutlicht, welch prägenden Einfluss sie auf Walters Entwicklung haben. So stehen für den Abend, an dem Walter und Fiete durch die SS rekrutiert werden, 32 Seiten zur Verfügung. Zwischen den Episoden wird hingegen stark gerafft. Eine auffällige Lücke bildet der Zeitraum von Ende März bis Anfang Mai 1945. Diese fünf Wochen werden praktisch ausgespart; man erfährt nur, dass Walter nach Fietes Tod am 30. März einen „Frontkoller" (177) erleidet und in das Lazarett gebracht wird. Die Erzählung setzt erst wieder mit seiner Gefangennahme durch amerikanische Soldaten in Österreich ein, was frühestens am 3. Mai geschehen sein kann.

Diese von der Erzählung übergangenen Wochen stellen eine Leerstelle dar, an welcher die Fantasie ansetzen kann und die sicher durch eine Kurzgeschichte in Ralf Rothmanns autofiktionalem Schreibprojekt gefüllt werden könnte. Auch in dem Fall dieses Romans hat der Autor durch die Namengebung der Figuren und in Interviews zahlreiche Spuren zu sich selbst und seinen Eltern gelegt. In der Szene in der Todeszelle wird sogar Fiete neben dem Ich-Erzähler der Rahmengeschichte zu einem zweiten Alter Ego Rothmanns, als er mitteilt, dass er oft geträumt habe, er werde erschossen (161). Genau solche Träume hat auch Ralf Rothmann gehabt, und er hat die gleiche Erklärung dafür wie Fiete: „Traumavererbung von Generation zu Generation"[45].

Die Ebenen des fiktiven Ich-Erzählers und der Familie Urban/Isbahner einerseits sowie des realen Autors mitsamt Familie „dif-

Raffung zwischen den einzelnen Episoden

Drei Ebenen

---

45 Rothmann: *Ich habe einen Traum.*

3.3 Aufbau

fundieren"[46] ineinander (= durchdringen sich gegenseitig) über insgesamt drei Ebenen hinweg:

(a) außerliterarische Welt,

(b) Rahmenerzählung und

(c) Binnenerzählung,

wobei die Durchdringung in der mittleren Ebene am stärksten ist. Weniger ausgeprägt ist sie in der Binnenerzählung, in der die wichtigsten Handlungselemente erklärtermaßen fiktiv sind (vgl. Kap. 3.1, S. 39 ff.). Auf der Ebene der wirklichen Familie Rothmann bewahrt der Sohn das Andenken an die verstorbenen Eltern, indem er ihr Leben als Roman gestaltet.

Der poetische Subtext

Vermischung der drei Ebenen

Der Fachbegriff für eine solche eigentlich gegen die innere Logik einer literarischen Erzählung verstoßende Vermischung von Ebenen lautet **narrative Metalepse**. Das Mittel, welches die drei Ebenen füreinander durchlässig macht, ist der dem Roman unterlegte poetische Subtext, den es in allen Werken Rothmanns gibt.[47] Dieser auf den ersten Blick unauffällige Subtext besteht aus einer großen Zahl vernetzter **Metaphern, Motive und Anspielungen**, die Zusammenhang, ästhetisches Vergnügen und gedankliche und spirituelle Tiefe schaffen. Zusätzlich wird durch Motive wie die Kohle, die Milch, das Licht, die Stille, die Farbe Gold, die Indianer und die Jerry-Cotton-Hefte, die in fast allen autobiografisch fundierten Romanen und Erzählungen des Autors vorkommen, das Rothmannsche Familienepos mythologisch überhöht.

---

46 Vgl. Steiner, André : *Eine andere Gegenwart? Annäherungen zwischen Erzähltheorie und Neuro-wissenschaft.* In: „Revista de Filología Alemana", Bd. 22, 2014, S. 11–29, hier S. 26. In diesem Aufsatz geht es um Texte u. a. von Wolfgang Hilbig.

47 Fabian Wolbring (2011) bezeichnet diesen Subtext als „poetische Parallelebene" und „Tiefen-struktur" (S. 198).

3.3   Aufbau

AUFBAU: AUTOFIKTIONALITÄT IN *IM FRÜHLING STERBEN*

**DIE REALE WELT
DER FAMILIE ROTHMANN**

RAHMENERZÄHLUNG

Poetischer Subtext / narrative Metalepse

BINNENERZÄHLUNG
⚑ überwiegend fiktiv

Motive: u. a. Birken, Vatersuche, Traumavererbung

⚑ hoher Anteil autobiografischer Elemente

3.3   Aufbau

Eine Reihe von Motiven sorgt für die enge Verflechtung von Rahmen- und Binnenerzählung und ist ein zusätzliches Indiz dafür, dass der Ich-Erzähler des Rahmens auch der unauffällige Erzähler der eingebetteten Geschichte ist. Im Einzelnen handelt es sich dabei um

→ die sauren Trauben/Wein, stumpfe Zähne (5, 135, 221)
→ die mit dem Daumennagel angeritzte Bibelstelle (13, 225)
→ die Kälteeinbrüche und den Tod im Frühjahr (der Titel, 12, 170 ff., 229 ff.)
→ Walters grüne Augen (7, 12, 167), das lindgrün gestrichene Sterbezimmer (10)
→ Birkensaft und Birkenkreuze (7, 119, 178)
→ die vergebliche Suche nach dem Grab des Vaters in Ungarn und Oberhausen (119, 127, 233 f.)
→ Pferde (138, 140, 171 f., 232), der Pferdeschwanz (231)
→ elegante Landhäuser (10 f., 21, 232)

Grün/Frühjahr   Der Umgang mit der Farbe Grün und dem Frühjahr ist ein Beispiel dafür, wie der Subtext die Handlung durch ein dichtes System von Verweisen unter der Oberfläche subtil veranschaulicht. Laufend spiegelt und variiert er die paradoxe Aussage des Titels *Sterben im Frühling* in den ebenso widersprüchlichen Motiven

(a) Birkenkreuze (Gräber, Friedhof) → Birkensaft (Wachstum, Frische),
(b) Sterbezimmer → lindgrün gestrichen sowie
(c) Walters grüne Augen → „der Eindringlicheres gesehen hatte" (8 f.).

3.3   Aufbau

So wird ohne ausdrückliche Erklärung nachvollziehbar, wie der Tod in Walters Gedankenwelt nach dem Krieg das Lebendige überlagert.

Besondere Bedeutung hat wie immer bei Rothmann die **Tiermetaphorik**. Der Autor verwendet Tiere, wie Anja Maria Richter schreibt, um „das Wunderbare des Lebens sowohl realistisch als auch in seinen geheimnisvollen Dimensionen darzustellen"[48] (vgl. Kap. 3.7, S. 116 ff.). Außerdem ist die Überblendung von Menschen mit Tieren (wie z. B. von Elisabeth mit Katzen) eine oft benutzte Erzähltechnik zur Charakterisierung von Figuren. Falken, Spinnen, Fledermäuse, Ratten stehen bildhaft für die bedrohlichen Abgründe des menschlichen Wesens, die sich im Krieg offen zeigen.

Narrativ 1: Transgenerationale Traumaübertragung

In *Im Frühling sterben* überlagern sich vier sinnstiftende Erzählungen (Narrative). Das erste Narrativ geht von der Leitidee aus, dass die traumatischen Erfahrungen von Menschen als „Gefühlserbe" an spätere Generationen übergehen. Es ist ein seit langem bekanntes Phänomen, dass Menschen, die von unverarbeiteten traumatischen Erfahrungen von Gewalt, Missbrauch, Flucht und Folter betroffen sind, diese häufig unbewusst an ihre Kinder und Enkel weitergeben. Nach dem Zweiten Weltkrieg wurde dieser Zusammenhang zunächst bei den Nachkommen von Überlebenden des Holocaust festgestellt, von denen viele als junge Erwachsene therapeutische Betreuung benötigten.[49] Von Psychologen wird dieser Vorgang als Traumaübertragung bezeichnet. Eine öffentliche Debatte darüber, inwiefern es eine solche Übertragung auch auf die Nachkommen der durch Krieg und Vertreibung traumatisierten Deutschen gibt, wurde jedoch so lange aufgeschoben, wie die Verarbeitung der Schuld

Unbewusste Weitergabe von traumatischen Erfahrungen an Kinder und Enkel

---

48   Richter (2010), S. 184 f.
49   Vgl. Moré (2013), S. 2. Die Begriffe „Übertragung" und „Gefühlserbe" wurden von Sigmund Freud geprägt und sind nicht nur auf negative Erfahrungen anwendbar. Auch positive Gefühle können übertragen werden.

3.3 Aufbau

an den Verbrechen des Dritten Reichs im Mittelpunkt stand. Man wollte den Eindruck vermeiden, dass die deutsche Verantwortung relativiert werden soll.

Diskursive Auseinandersetzung mit Gewalterfahrung der Kriegsgeneration

Erst seit Beginn des 21. Jahrhunderts wird diese Auseinandersetzung nachgeholt und hat eine Fülle von wissenschaftlichen Untersuchungen, Romanen, autobiografischen Texten und populären Sachbüchern hervorgebracht. Die einschlägigen Werke der Journalistin Sabine Bode (z. B. *Nachkriegskinder*, *Kriegsenkel*) und der für das ZDF verfilmte Roman *Altes Land* von Dörte Hansen waren Bestseller. Daraus hat sich inzwischen ein bekanntes Narrativ entwickelt, das Erklärungen bietet für die auch bei vielen Angehörigen der Nachkriegsgenerationen vorhandene innere Leere, Apathie, Schuldgefühle, rätselhafte Ängste, das **Empfinden einer unsicheren Identität oder Entwurzelung**. Das Narrativ der transgenerationalen Traumaübertragung führt das alles zurück auf die Gewalterfahrungen der Kriegsgeneration, über die nie gesprochen wurde. Dies und die mangelnde Aufarbeitung der eigenen Familiengeschichte unter dem Nationalsozialismus habe die Entstehung eines instabilen Selbstwertgefühls und Bindungsverhaltens begünstigt.

Im Frühling sterben ordnet seine Struktur diesem Narrativ unter. Die Rahmenerzählung macht mit der ungesunden Beziehungsdynamik in der Familie Urban bekannt, welche aus dem Schweigen über den Krieg hervorgeht; die Binnenerzählung ist dann der Versuch, diesem Zustand etwas entgegenzusetzen, das eine größere Nähe zu dem Vater ermöglicht.[50] Dabei entfaltet der Roman das Narrativ an zwei Fällen: Fiete und seinem Vater sowie Walter und seinem Sohn. Fietes Vater war aus dem Ersten Weltkrieg traumatisiert zurückgekehrt und vermutete selbst, dass die Albträume seines

---

50 Vgl. Pontzen (2016), S. 535.

3.3 Aufbau

Sohnes die Folge einer Traumaübertragung seien. Von ihm hat Fiete Kenntnis von dem modernen biologisch-epigenetischen Modell, das er Walter vorträgt: „dass es ein Gedächtnis der Zellen in unserem Körper gibt, auch der Samen- und Eizellen also, und das wird vererbt. Seelisch oder körperlich verwundet zu werden, macht was mit den Nachkommen" (162).

Wissenschaftlich ist es umstritten, inwiefern dieses biologische Prinzip auf die Traumaproblematik anwendbar ist. Der Roman entfaltet die Mechanismen der Übertragung aber ohnehin als psychologischen Vorgang an der Familie Urban, und dies fast lehrbuchmäßig. Der Erzähler ist aufgewachsen mit einem Vater, der, weil er in sich zurückgezogen und schwermütig war, ihm wenig Beachtung schenken konnte. Walter Urban war nicht in der Lage, in dem Sohn das liebesbedürftige und sich nach Wertschätzung sehnende Wesen zu erkennen. Er gab ihm dadurch nicht die Gewissheit, selbst liebenswert zu sein.[51] Angela Moré erläutert, dass Angehörige der zweiten Generation sich außerdem erfahren „wie in zwei parallelen Zeiten lebend, von welchen sie die eine als gegenwärtig empfinden, die andere dagegen oft nicht wirklich konkret fassen können, sondern als einen dunklen Sog in etwas unbekanntes Vergangenes empfinden"[52]. Die Fixierung des Erzählers auf die Vergangenheit des Vaters passt in dieses Bild wie auch sein Versuch, **die Leerstellen in der Biografie der Kriegsgeneration mithilfe von Geschichten auszufüllen.** Viele Kinder von Traumatisierten treten dem rätselhaften und bedrückenden Unbekannten in der Familienvergangenheit mit der Fantasie entgegen.[53]

---

51 Vgl. zu diesen Mechanismen der Übertragung: Moré (2013), S. 23.
52 Ebd., S. 10.
53 Ebd., S. 11.

3.3 Aufbau

Narrativ 2: Ungelebtes Leben

Die Rahmenerzählung des Romans ist von einer Stimmung der **Wehmut** geprägt, wie sie typisch ist für das traditionsreiche Narrativ vom „ungelebten Leben". Henry James und Kazuo Ishiguro sind berühmte Autoren, die Geschichten über ungelebtes Leben geschrieben haben. Diese haben oft Erzähler, die sich intensiv mit ihrer Vergangenheit beschäftigen, und zwar vor allem mit Lebenswegen, die sie aufgrund eigener Entscheidungen, häufiger aber aufgrund äußerer Umstände nicht gegangen sind. Kriege sind Ereignisse, die besonders massiv in die Biografien von Menschen eingreifen. Sie kürzen Lebensläufe ab (60 bis 70 Millionen Tote im Zweiten Weltkrieg) oder verändern sie unwiederbringlich durch Vertreibung, gesundheitliche Schäden, Traumatisierung. Das 20. Jahrhundert mit seinen Kriegen und Völkermorden hat deshalb ein hohes Bewusstsein für ungelebtes Leben geschaffen und eine Fülle von literarischen Texten dazu hervorgebracht, welche von der Frage getrieben sind, welches Leben den Figuren in einer friedlichen Welt offengestanden hätte. Zu diesen Werken zählt auch *Im Frühling sterben*.

Durch äußere Umstände unbeschrittene Lebenswege

Der mit dem Autor Rothmann in vielerlei Hinsicht identische Ich-Erzähler der Rahmengeschichte wurde erst nach 1945 geboren, verspürt aber trotzdem einen Mangel in seiner Existenz, der maßgeblich durch den Krieg verursacht wurde. Er liebte seinen Vater, aber Walter Urban war emotional abwesend, „überdunkelt von seiner Vergangenheit" (9) im Krieg. Der Wunsch des Sohnes nach einer intensiveren Beziehung zum Vater blieb für den Erzähler „ungelebtes Leben". Der Roman ist deshalb auch die **Meditation über einen Verlust**: die Beschwörung dessen, was möglich gewesen wäre, wenn die Ereignisse, die den Vater traumatisiert haben, nicht eingetreten wären. Das Bedauern über das Versäumte schwingt im Ton der Erzählung immer mit.

Unerwiderter Wunsch nach intensiverer Beziehung zum Vater

3.3 Aufbau

Zur Denkfigur vom „ungelebten Leben" gehören die **Konzentration auf die Vergangenheit der Figuren sowie auf einen alternativer Geschehensverlauf.**[54] Die Vergangenheit, auf die sich *Im Frühling sterben* konzentriert, ist (a) das Leben der Familie des Erzählers bis zum Tod des Vaters, der schon 25 Jahre zurückliegt, und (b) Geschehnisse im Jahr 1945, die den Vater traumatisiert haben, was wiederum durch Vererbung auf den Erzähler übergegangen und somit auch zu seiner eigenen Vergangenheit geworden ist (162). Ein alternativer Geschehensverlauf ergibt sich indirekt aus dem Gespür des Erzählers, dass sein Vater einmal ganz anders war, mindestens als junger Mann, der auf dem Lande lebte und eine Melkerlehre machte (11). Für ihn spricht, dass er „in entspannten Momenten eine schalkhafte Menschlichkeit und eine kluge Empathie erkennen" ließ (8). Auch der überraschende Moment der Intimität und Zärtlichkeit zwischen den Eltern kurz vor seinem Tod, deutet ein großes, nur verschüttetes Potenzial an (11 f.). In der Binnenerzählung wird ausgehend von diesem Potenzial das Bild eines Mannes entfaltet, der ein idealer Familienvater geworden wäre.

Die Handlung setzt zu einem Zeitpunkt ein, als Walter noch ausschließlich der empathische, verantwortungsbewusste, den Menschen (und den Tieren) zugewandte junge Mann ist. Er bewahrt sich diese Eigenschaften noch über den größten Teil des Romans.

Der Leser weiß schon aus der Einführung in den Roman, dass Walters Entwicklung eine andere Richtung nehmen und dass er kein idealer Vater werden wird. Dennoch bietet die Binnenerzählung mehrere Situationen, die einen alternativen Geschehensverlauf vor-

Alternative Wendungen im Geschehensverlauf

———

54 Niederhoff, Burkhard: *Unlived Lives in Kazuo Ishiguro's „The Remains of the Day" and Tom Stoppard's „The Invention of Love"*. In: „Connotations", Bd. 20/2–3, 2010/2011, S. 164–188; online: https://www.connotations.de/wp-content/uploads/2017/07/niederhoff02023.pdf (Stand: Mai 2021).

stellbar machen, dass nämlich Walter den Krieg ohne langfristigen psychologischen Schaden überstehen kann. Er hatte zum Beispiel gute Beziehungen zu dem Werber der SS, der wie er aus Essen-Borbeck stammte. Vielleicht hätte er ihn überzeugen können, ihn und Fiete noch zurückzustellen, wenn der Freund dies nicht durch seine Provokationen verhindert hätte (28–30, 42 f.). Er hatte ebenfalls gute Beziehungen zu dem Offizier, unter dessen Kommando Fiete zum Tod verurteilt worden war. Dieser war aber am Vortag gefallen, und sein Nachfolger ließ sich nicht davon überzeugen, Fiete zu verschonen (148–157). Ein weiterer Wendepunkt hätte sein Gespräch mit Elisabeth in Kiel sein können. Hätte Walter sein Schweigen gebrochen und Elisabeth ihn mehr dazu ermutigt, das ihn Bedrückende auszusprechen, wäre das eventuell der Beginn einer Verarbeitung seines Traumas gewesen. Stattdessen versiegelt er sein furchtbares Geheimnis für immer in sich selbst.

Diese Situation war die einzige, in der Walter selbst aus eigenem Willen das Blatt hätte wenden können. Ansonsten ist er übermächtigen Kräften ausgesetzt. Die Geschichte bestätigt das intuitive Wissen des Erzählers/Autors, dass sein Vater ein guter Mensch war und dass ein unmenschliches System ihn gebrochen hat. Er war nicht verantwortlich dafür, dass ein erfüllteres Leben für ihn und seine Familie „ungelebt" blieb.

Narrativ 3: Unauflösbares Dilemma

Das dritte Narrativ hat die **Form eines unauflösbaren moralischen Dilemmas**. Weil das auffällige Dilemma in Form einer Geschichte entfaltet wird, handelt es sich um ein Beispiel für **narrative Ethik**. Walter muss sich auf dem Höhepunkt des Romans zwischen zwei Handlungsoptionen entscheiden, wobei er in beiden Fällen schwere Schuld auf sich lädt. Beide Optionen lassen sich auch nicht zusammen ausführen:

3.3 Aufbau

(A) sich, wie befohlen, an der Erschießung Fietes beteiligen,

(B) sich weigern, dies zu tun.

Zwei Handlungs-
optionen

Alles drängt ihn natürlich, sich dem Befehl zu widersetzen. In diesem Fall, würde er allerdings gemeinsam mit Fiete ebenfalls exekutiert (141, 156), und sollte er mitmachen, aber danebenschießen, gilt es als sicher, dass das gesamte Erschießungskommando sofort an die Front in den sicheren Tod geschickt würde (170). Die Gesichtspunkte, die hier eine Rolle spielen, sind deutlich schwerwiegender als bei gewöhnlichen moralischen Konflikten. Eine sinnvolle Entscheidung erscheint eigentlich unmöglich, weshalb der Konflikt als unauflösbar zu bezeichnen ist.

Was Walter auch tut, er macht sich **„unschuldig schuldig"**. Diese Formel verbindet man mit der antiken griechischen Tragödie, in der das Geschehen ebenfalls ausweglos ist. Darin stehen Menschen Situationen gegenüber, in denen sie nicht gleichzeitig zwei ihnen von den Göttern auferlegte Pflichten befolgen können. Dabei zweifeln sie die Gültigkeit der von Zeus repräsentierten Weltordnung nicht an. Im Gegensatz dazu lehnt Walter die Gesetze des NS-Unrechtsregimes innerlich ab. Mit Option (A) befolgt er eine verhasste Pflicht. Ihre Erfüllung hat überhaupt nur einen moralischen Kern, weil er damit das Leben der anderen Kameraden schützt und sein eigenes. Bei (B) würde er sich nicht an der Erschießung seines Freundes beteiligen, aber sein Gewissen auf andere Weise ebenso schwer belasten.

Der Keim für das Dilemma wird schon früh gelegt mit Walters Versprechen an Ortrud, auf ihren Freund Fiete aufzupassen: „‚Du gibst auf ihn acht, oder? Er ist ein so dummer Junge.' ‚Ich versuch's', antwortete er. ‚Mach dir keine Sorgen.'" (43). Damit ist ein Ziel definiert, das kaum zu erreichen ist, weil sich abgesehen von den Kriegsumständen noch zusätzliche Hindernisse auftun. Die Freunde sehen sich nur unregelmäßig, weil sie unterschiedlich ein-

Keim für das
Dilemma

3.3 Aufbau

gesetzt werden: Walter auf einem vergleichsweise ungefährlichen Posten im Versorgungszug, Fiete in vorderster Linie. Als der dann tatsächlich seine Ankündigung wahr macht zu desertieren, ist Walter gerade abwesend. Er sucht nach dem Grab seines Vaters und kann Fiete nicht aufhalten. Das Versprechen und die Abwesenheit im Moment der Krise sind Gründe, die **Schuldgefühle** in ihm auslösen dürften.

Die Episode in Abda vor der Hinrichtung (138–168) enthält Dialoge, in denen moralisch argumentiert wird, vor allem das Gespräch, in dem sich Walter bei dem Kommandeur Domberg für die Begnadigung Fietes einsetzt und damit gleichzeitig die schwere Entscheidung von sich selbst abwenden will. Seine Gründe haben aber für Domberg keine Geltung, auch nicht seine Appelle an die Menschlichkeit. Die von dem SS-Offizier vertretene nationalsozialistische Moral fordert absoluten Gehorsam bis in den Tod („Meine Ehre heißt Treue", 156), und stößt alle für schwach Gehaltenen aus der NS-Volksgemeinschaft aus. Als Deserteur („„Er war feige vor dem Freund!'") hat Fiete deshalb sein Lebensrecht verwirkt. Dass Domberg das Christentum verachtet, ist naheliegend, denn die christliche Moral ist im Gegensatz zur Nazi-Moral universell: Ihr Gebot der Nächstenliebe gilt für alle Menschen unter allen Umständen. Der Kommandant verdreht dieses Gebot zynisch in sein Gegenteil, indem er behauptet, dass es menschlich sei, auf den Freund zu schießen: „„Da wirst du gut zielen, damit er nicht leidet.'" (157).

Jörn, Florian, Friedhelm und Hermann wiederum drängen ihn erfolgreich zu Option (A), weil sie ihr Leben nicht wegen Fietes Leichtsinn opfern wollen (141) und der Verurteilte „„eh'" (170) sterben muss. Damit ist das letzte Wort gefallen und der **Wendepunkt** in dem Roman gekommen. In drei Schritten kündigt sich Walters existenzielle Erschütterung und Traumatisierung an: durch Dombergs endgültige Absage an Walters Bitte um Gnade für Fiete (157),

Existenzielle Erschütterung

den Besuch bei dem todgeweihten Fiete (158 ff.) und die Exekution am folgenden Morgen (171 ff.). Das Dilemma, für das es keine Lösung gibt, und was darauf folgt, sind **überwältigende Erfahrungen der Ohnmacht und Hilflosigkeit,** des völligen Kontrollverlusts über das eigene Leben. Anschließend hat sich Walters Persönlichkeit verändert. Nach dem Krieg weicht er einer Begegnung mit Ortrud aus (209 f.), ein Zeichen dafür, dass er glaubt, seiner Verantwortung nicht gerecht geworden zu sein.

Narrativ 4: Apokalypse und Postapokalypse

Das Wort Apokalypse wird landläufig im Sinne von Weltende oder -untergang verwendet, so auch gelegentlich in Besprechungen von *Im Frühling sterben*, wenn darin „apokalyptische" Szenen oder Bilder erkannt wurden. Das wird der **Apokalypse** nicht ganz gerecht. Es ist ein **komplexes Narrativ,** auch bei Rothmann, und hat eine noch viel ältere und umfangreichere Tradition als das vom „ungelebten Leben". Ebenso wie dieses hat es aber auch im Zusammenhang mit den Kriegen und anderen Katastrophen des 20. Jahrhunderts deutlich an Verbreitung in verschiedenen Formen der Kunst gefunden, z. B. in der expressionistischen Lyrik und Malerei. Seit dem als Urkatastrophe empfundenen Ersten Weltkrieg ist die Auslöschung der Menschheit vorstellbar geworden. Seinen Ursprung hat das apokalyptische Denken in Erzählungen der Bibel, insbesondere der Johannesoffenbarung, dem letzten Buch des Neuen Testaments, welche bis heute als Musterbild für apokalyptisches Schreiben gilt. Das bezieht sich sowohl auf dessen Struktur wie auf die Gestaltungsmittel.[55]

---

55 Vgl. zur Geschichte des apokalyptischen Schreibens die umfangreiche Darstellung von Thiel (2019).

3.3 Aufbau

Die **Struktur der Apokalypse** ist bestimmt von einer Heilserwartung in der Zukunft und schon in dem griechischen Wort *apokálypsis* enthalten, welches „Entschleierung", „Enthüllung" bedeutet. Gott wird die alte verderbte Welt in einer Katastrophe untergehen lassen und an ihrer Stelle eine radikal neue, bessere Welt enthüllen. Die Ungerechten und Gottlosen werden bestraft, und nur die Gerechten und Frommen überleben und werden erlöst. Diese Hoffnung auf eine Offenbarung Gottes nach der Vernichtung der Welt haben jedoch viele Autoren von apokalyptischen Erzählungen seit dem frühen 20. Jahrhundert aufgegeben. Apokalypse wird vorwiegend nur noch als Selbstvernichtung einer Zivilisation im moralischen Verfall dargestellt (in neuerer Zeit oft in Form einer Umweltkatastrophe). Seit über hundert Jahren stellen sich Künstler Apokalypse meistens als ein Ende ohne Neuanfang, eine Enthüllung ohne Erlösung vor.

Selbstvernichtung einer Zivilisation

Im Frühling sterben schildert ebenfalls die völlige Verwüstung einer Welt. Diese beschwört ihren Untergang herauf, weil sich die darin Herrschenden selbst zum Maßstab aller Dinge gemacht und von jeglicher höheren Sinngebung losgesagt haben. Dabei werden **typische Gestaltungsmittel apokalyptischen Schreibens** seit der Johannesoffenbarung verwendet: Licht- und Schattenmetaphorik, Tiermetaphorik, Intertextualität und Polyphonie (vgl. Kap. 3.6, S. 101 ff.) und die relativ lose Reihung von Episoden mit Untergangsszenarien. Die kurze Passage über den russischen Angriff mit Brandbomben auf Totis ist eine von mehreren beeindruckenden apokalyptischen Visionen einer Hölle auf Erden (106).

Lose Reihung von Episoden mit Untergangsszenarien

Das Dritte Reich und seine mörderischen Institutionen verkörpern bei dieser Lesart des Romans die **Allegorie der „Hure Babylon"** (mit der in der Johannesoffenbarung vermutlich das römische Reich gemeint war, in dem die frühen Christen verfolgt wurden). Babylon ist der Inbegriff eines noch immer mächtigen, heimtückischen Systems, das vom **Antichrist** dominiert wird, aber des-

3.3 Aufbau

sen Zerstörung sicher ist. Der Antichrist ist im Neuen Testament ein falscher Prophet, der sich gegen Christus auflehnt. Als dieser fungiert hier der SS-Sturmbannführer Domberg. Dicklich und mit Brille (149) ist er äußerlich dem Reichsführer-SS Heinrich Himmler nachempfunden. Sein Name weckt Assoziationen mit einem Gotteshaus, und die Klinke seiner Bürotür hat die Form eines Fisches, also eines frühchristlichen Erkennungssymbols. Allerdings ist es ein „Elfenbein-Fisch" (147, 148), was ihn als Vertreter Babylons ausweist: Elfenbein ist ein Material, das ausdrücklich in der Bibel als eines der in Babylon geschätzten Luxusgüter genannt wird.[56] Domberg hat außerdem eine Löschwiege mit einem Bronzeadler als Griff (157), der ebenfalls Babylon signalisiert; der häufig aus Bronze gefertigte Legionsadler (die Aquila) war das Feldzeichen Roms.

Das Zusammentreffen Walters mit Domberg ist also als Begegnung eines unterjochten Frühchristen mit dem Statthalter Babylons/ Roms inszeniert. Dabei residiert Domberg gelangweilt in einem Raum, der mit „weinroten Stofftapeten", Fresken und Würfelparkett ausgestattet ist (148), während vor der Tür das Stöhnen der Verwundeten und Sterbenden zu hören ist (149). Hier zeigt sich die typische **räumliche Matrix einer apokalyptischen Erzählung**: Fast immer residieren die Kommandanturen der SS, umgeben von verwüsteten Schlachtfeldern, in Burgen oder herrschaftlichen Adelshäusern, deren Pracht die Große Hure Babylon repräsentiert. In Klauben im Hotel Rebmann feiern Wehrmacht und SS in Untergangsstimmung ausschweifende Orgien (127 ff.).

Domberg liefert Beweise seiner antichristlichen Haltung. Kalt und herzlos weist er Walters Gnadengesuch für Fiete zurück; dabei entweiht er ein Bild der Madonna, indem er es mit Kaffee bekleckert

---

56 Offenbarung 18,12.

3.3 Aufbau

(156). Fietes Hinrichtung findet am folgenden Tag statt, dem 30. März 1945 (141). Der Erzähler überlässt es dem Leser herauszufinden, dass es sich dabei um den Karfreitag handelt. Dadurch wird aber die gesamte **Offenbarungsgeschichte in ihr Gegenteil verkehrt**. Der Antichrist wird nicht von der Erde getilgt, stattdessen erhält er die Gelegenheit, Christus in Gestalt Fietes noch einmal zu töten, stellvertretend für die vielen anderen Unschuldigen, die sterben müssen wie die drei Bewohner der Mühle (77–86) und die Bewohner von Totis, die qualvoll verbrennen (106).

Die **apokalyptischen Reiter**, welche in der Johannesoffenbarung als Boten die Ankunft des neuen Zeitalters einleiten, kommen deshalb nur als **Parodie** vor, zuerst in Gestalt von Dombergs Adjutant Troche mit dem narbigen Gesicht und dem alten Pferd mit dem staubigen Hals (138, 140, 172). Viele Jahre nach dem Krieg tritt noch der bedrohlich wirkende Oberhausener Taxifahrer als Schwundstufe der Apokalypse auf. Sein Silberschmuck, sein Pferdeschwanz und die tätowierten Tränen unter dem Auge sind Motive, die ihn mit der Kommandantur der SS in Abda verbinden (231).

Auf die Weltzerstörung folgt also kein Neues Jerusalem, sondern bloß die **Postapokalypse**, eine Welt, die besser ist als der Krieg und das Dritte Reich, aber in vielerlei Hinsicht auch enttäuschend oder erschütternd. Walter fühlt sich verloren und unwillkommen, selbst bei seiner eigenen Familie in Essen (197 ff.). In München und Essen findet er „endlose Trümmerfelder" (190) vor, überall sind die Kirchen zerstört (185, 192). Auch auf dem Gut in Bovenau kann er nicht bleiben; es wird bereits in eine industrielle Fleischproduktionsstätte umgewandelt. Das babylonische Motiv mit den „Elfenbeingriffen" (203) kommt hier noch einmal vor bei den Stöcken der englischen Offiziere, welche die Schweinemast überwachen.

Im Frühling sterben wirkt trotzdem nicht ausweglos. Ralf Rothmann unterwandert die wichtigste Prämisse des apokalyptischen

3.3 Aufbau

Denkmodells, welches alle Hoffnung auf plötzliche Erlösung in der Zukunft durch höhere Mächte setzt. Es leitet dazu an, die Gegenwart nur passiv zu ertragen. Walter repräsentiert dagegen eine andere Form des Christentums, die aktiv im Diesseits selbst unter den Bedingungen des Krieges Nächstenliebe übt, was sich auch in seiner Sorge für Tiere zeigt. Noch im apokalyptischen Schein und der Gluthitze der Phosphorbomben in Totis tränkt er die in einer Kirche angebundenen Steppenrinder (109 f.). Domberg hat mit Fiete den falschen Christus töten lassen. Als Repräsentant christlicher Werte kann ihm Walter viel gefährlicher werden. Der Mantel, den er Fiete überlässt, assoziiert ihn mit der Legende vom Heiligen Martin (146, 170). Nach Fietes Tod ist er traumatisiert, aber im Roman lebt sein Verhalten als Vorbild und Utopie fort.

Außerdem löst der Roman die „Enthüllung" der traditionellen Apokalypse durch eine Entschlüsselung ab. Wartete der Apokalyptiker darauf, dass sich ohne sein Zutun eine großartige Welt offenbaren würde, muss Ralf Rothmanns Leser den poetisch-spirituellen Subtext entschlüsseln, also den eigentlichen, unter der Textoberfläche verborgenen Sinn (vgl. Kap. 3.3, S. 60 ff.). Diesen Subtext, zu dem auch das apokalyptische Narrativ gehört, hat Rothmann so dezent oder wie ein Geheimnis in die Geschichte eingefügt, dass er vielen Lesern gar nicht auffällt. Es bedarf also wiederum einer aktiven Leistung, ihn aufzufinden. Dabei ist ein Rezipient im Vorteil, der sich nicht mit dem Offensichtlichen zufriedengibt und Freude an überraschenden Erkenntnissen hat.

Entschlüsselung anstelle Enthüllung

3.4 Personenkonstellation und Charakteristiken

ZUSAMMEN-
FASSUNG

→ Die Freunde Walter und Fiete bilden einen starken Kontrast, was ihre soziale Herkunft und Eigenschaften betrifft. Walter ist fürsorglich und umsichtig, während Fiete unreif und sprunghaft wirkt.

→ Walters Freundin und spätere Frau Elisabeth ist die dritte Hauptfigur. Auch sie ist ein junger Mensch, dessen Leben durch den Krieg zerstört wird.

→ Weil Elisabeth und Walter es vermeiden, offen über seine Kriegserlebnisse zu sprechen, verfestigt sich sein Trauma und beeinträchtigt dauerhaft ihr gemeinsames Leben.

→ Unter den Nebenfiguren ragt der Sturmbannführer Domberg hervor. Oberflächlich ist er der Typus des zynisch-intellektuellen SS-Offiziers, wie er häufig in Filmen präsentiert wird; in dem apokalyptischen Narrativ des Romans repräsentiert er den Antichrist und die Hure Babylon.

Die Hauptfiguren: Walter, Fiete, Elisabeth

Die Lebensläufe der drei wichtigsten Figuren überschneiden sich zuerst auf dem Landgut Bovenau in Schleswig-Holstein. **Walter Urban** ist der Protagonist des Romans. Er wird 1927 geboren und wächst in Essen-Borbeck auf. Weil die Kohleförderung wegen der Bombenangriffe an der Ruhr eingeschränkt wird, kann er nicht wie vorgesehen als Bergmann anfangen, sondern wird vom Arbeitsamt nach Schleswig-Holstein geschickt (28). Dort freundet er sich während einer gemeinsamen Lehre als Melker mit dem gleichaltrigen, aus Hamburg stammenden **Fiete (Friedrich) Caroli** an, und

3.4 Personenkonstellation und Charakteristiken

er verliebt sich in **Elisabeth Isbahner**, ein Flüchtlingsmädchen aus Westpreußen, das er nach dem Krieg heiratet.

Die beiden Melker sind sehr ungleiche Freunde. Es ist deshalb erhellend, **Walter und Fiete** im Kontrast zu charakterisieren. Walter stammt aus einfachen Verhältnissen, der Arztsohn (161) Fiete hingegen aus bürgerlichen Kreisen. Während der eine die Volksschule besucht hat, war der andere auf dem Gymnasium, von dem er aber verwiesen wurde (69). Auch ihre Leidenschaften unterscheiden sich sehr. Fiete begeistert sich für Literatur; als er festgenommen wird, hat er einen Gedichtband von Oskar Loerke in der Tasche (151 f.). Walter ist hingegen praktisch veranlagt. Seine Hingabe gilt der Arbeit, die er mit großer Sorgfalt versieht. Weil er großen Wert auf Sauberkeit legt, hat er den Spitznamen Ata bekommen. Fiete ist mit Imi ebenfalls ein Putzmittel als Name zugewachsen, aber wohl nur weil er Walters Freund ist, denn reinlich ist er nicht. Am Abend des Festes im Fährhof ermahnt Walter Fiete wegen seiner mangelnden Sorge für die Kühe: „‚Kaum ist der Alte mal nicht da, lässt du alles schleifen. Auch deine Kammer sieht aus wie Sau.'" (26).

Ungleiche Freunde

Fietes Eltern sind bei einem Bombenangriff ums Leben gekommen (155). Deshalb fehlt ihm der familiäre Halt noch mehr als Walter. Dessen Vater hat ihn als Kind misshandelt (74). Jetzt ist er ebenfalls an der ungarischen Front, wo er bald darauf fällt. Seine Mutter in Essen hat einen neuen Liebhaber. Sie ist eine schwache und törichte Person, an die er nur geringe Erwartungen hat (75). Walter und Fiete sind also frühzeitig auf sich allein gestellt, was sie verbindet. Aber nur Walter bewältigt die Situation angemessen. Er wirkt vorzeitig erwachsen und übernimmt eine Rolle als Aufpasser für den unreifen, überspannten, oft auch aufbrausenden Fiete. Er muss ihn, schon bevor sie nach Ungarn geschickt werden, vor sich selbst schützen. Als er während der Rede des NS-Bauernführers im Fährhof das Wort zum Widerspruch ergreifen will, hält Walter

Walter: frühzeitig erwachsen, vernünftig

Fiete: unreif, überspannt, aufbrausend

3.4 Personenkonstellation und Charakteristiken

ihn nur mit Mühe zurück: „„Bist du irre? Bleib sitzen! Die Küche ist voller SS. Die machen Hackfleisch aus dir!‘" (40). Hier rettet er ihn noch, was ihm später in Ungarn nicht mehr gelingen wird.

Dass Walter Fietes Freundin Ortrud verspricht, im Krieg gut auf ihn aufzupassen, ist leichtsinnig, aber er versucht sich daran zu halten und ihn, wann immer sie sich an der Front begegnen, von seinen lebensgefährlichen Fahnenflucht-Plänen abzuhalten. Er hat es als Fahrer der Versorgungskompanie allerdings auch besser getroffen als der Freund. Für Fiete ist die Aussicht, sinnlos zu sterben oder in russische Kriegsgefangenschaft zu geraten, ungleich größer als für Walter.

Walter: Einfühlungsvermögen in Wohl von Mensch und Tier

Walters herausragende Eigenschaft ist sein großes Einfühlungsvermögen in das Wohl von Menschen und Tieren. Er ist mutig und fürsorglich, trotz der Gewalt, die er als Kind von seinem Vater erfahren hat, und setzt sich für Leidende wie die unschuldigen Opfer der Fallschirmjäger in der Mühle in Brevda ein (77 ff.). Als er das Vieh in der brennenden Stadt Totis versorgt (109 f.), kann er nicht auf die Hilfe Fietes zählen, der sich zurückhält und Sprüche klopft. Auch hier ist der Kontrast zu Fiete groß. Der hat das „Spöttische in seinem blauen Blick" (67). Laut Walter ist Fiete ein „„Faxenmacher‘" (152) und hat oft „„gleich einen dreckigen Witz auf Lager‘" (53). Dabei durchschaut Fiete die hohle Propaganda der Nazis und die „Germanische Helden-Scheiße‘" (69), auch dass die jungen Soldaten nur als „„kräftiges Frischfleisch [...] an den Feind verfüttert‘" werden (68). Aber er agiert kopflos und setzt sich und andere unnötigen Risiken aus. Als er im Alkoholrausch Ernst Kobluhn den Satz „Zerstören und töten kann jeder Idiot‘" (30) an den Kopf wirft, liefert er sich ihm damit fahrlässig aus, was nur wegen seiner quasi-familiären Beziehung zu dem SS-Soldaten vorerst keine Folgen hat.

Fietes Lektüre von Gedichten, seine höhere Bildung und sein „hochnäsiges Latein‘" (68), wie Walter es nennt, wappnen ihn we-

3.4 Personenkonstellation und Charakteristiken

sentlich schlechter für das Überleben in einem Terrorregime und im Krieg als die Umsicht seines Freundes. Wo es möglich scheint, versucht Walter, Gewalt zu verhindern und Leiden zu mildern. Er kann die Konsequenzen von Handlungen abschätzen und übernimmt Verantwortung. Dabei macht er Fiete keinen Vorwurf, dass dieser womöglich ihre Lage mitverschuldet hat; er bleibt für ihn immer „ein wirklich wertvoller Mensch'" (155), für den er sich bis zum Äußersten einsetzt. Dabei bestand tatsächlich eine geringe Aussicht, die Einberufung noch abzuwenden, weil der SS-Werber Kobluhn ein alter Schulkamerad Walters aus Essen ist. Doch der volltrunkene Fiete unterbindet Walters Appell rücksichtslos schon im Ansatz durch eine weitere Provokation (42), die womöglich gravierende Folgen nicht nur für ihn selbst und Walter, sondern auch für seine Freundin Ortrud hat, die nach einer Fehlgeburt wieder schwanger ist.

Unter der Textoberfläche haben sowohl Fiete wie Walter heiland-ähnliche Züge, und auch dabei sind die Unterschiede erheblich. Fiete wird am Karfreitag exekutiert; die Fenstergitter in seiner Todeszelle haben eine Form, die an eine Dornenkrone erinnert (143). Aber er ist ein aufsässiger Christus: In der Kirche in Totis hüllt er sich in einen bestickten Chormantel, betrinkt sich und verspottet Gott: „‚Auf den Ewigvater, den Friedefürsten und die Kalbsleberwurst!'" (110). Walter dagegen handelt aktiv christlich. Er wird der Verbindung mit Heiligen gerecht. Das Motiv des Mantels charakterisiert ihn als modernen Sankt Martin (146, 170), seine Einfühlung in Tiere als Franz von Assisi (109 f., 154).

> Beide Figuren tragen heiland-ähnliche Züge

Alexandra Pontzen meint, in der Freundschaft zwischen Walter und Fiete eine „homoerotische Nuance"[57] zu entdecken. Es ist auffällig, dass Fiete mehrfach als feminin beschrieben wird (25,

---

57 Pontzen (2016), S. 543.

3.4 Personenkonstellation und Charakteristiken

163) und dass die Freunde am Abend vor der Hinrichtung zärtliche Berührungen und Gesten austauschen (166), woraus Pontzen schließt:

> „Gewiss, die beiden sind nicht schwul im landläufigen Sinn […]
> aber das, was sie verbindet, ist weit mehr als eine übliche Männerfreundschaft, sodass man sagen darf: Walter, der als Angehöriger einer Transporteinheit nicht zu schießen braucht und im ganzen Krieg nur den Schuss abgibt, der auf Fiete zielt, tötet den Menschen, den er am meisten liebt."[58]

Homosoziale Beziehung

Der Ausdruck homosozial statt homoerotisch wäre wohl besser geeignet, um die Beziehung zwischen Walter und Fiete zu benennen. Dass sie ihre Männerfreundschaft höher schätzen als ihre jeweiligen Verbindungen mit Frauen scheint sicher. Dies lässt jedoch nicht zwangsläufig auf „unterschwellige Misogynie"[59] (Frauenfeindlichkeit) des Autors schließen. Pontzen kommt darauf, weil sowohl **Walters Mutter** wie **Elisabeth** ihm mit wenig Wärme begegnen und weil Elisabeths Körper als weniger attraktiv dargestellt wird als Fietes. Dabei übergeht sie **Ortrud**, die ein Gegenbeispiel liefert. Sie sieht glücklich aus und hat ein strahlendes Lächeln, wenn Fiete in ihrer Nähe ist, und: „Niemand schminkte sich die Lippen so rot wie sie" (24). Später, als Fiete im Krieg ist, schreibt sie ihm Briefe und bemüht sich um eine Ferntrauung (108). Außerdem sind die Frauen in Walters Leben selbst Opfer von männlicher Gewalt. Die Mutter ist es gewohnt, sich lieblosen und brutalen Männern unterzuordnen, und Elisabeth ist auf der Flucht aus Westpreußen traumatisiert wor-

---

58 Ebd.
59 Ebd.

3.4 Personenkonstellation und Charakteristiken

den. Dass sie dabei vergewaltigt wurde, konnte Alexandra Pontzen 2016 noch nicht wissen. Es wird erst in dem 2018 erschienenen Roman *Der Gott jenes Sommers* enthüllt und ist ein zentrales Thema in dem dritten, noch nicht erschienenen Band von Ralf Rothmanns Weltkriegs-Zyklus (vgl. Kap. 3.1, S. 42 ff.).

Für **Walter** geht das Leben nach Fietes Tod noch weiter, aber er ist ein veränderter Mensch. Die restlichen 42 Jahre seines Lebens bis zum Tod 1987 stehen im Zeichen der Erschütterungen, die er 1945 in Ungarn erleidet, nicht ausschließlich durch Fietes Tod. Die sauren Trauben, die im ganzen Roman als Metapher für das Trauma stehen, isst er zum ersten Mal schon am Tag davor „in einer fensterlosen Hütte am Rand der Weinfelder" (135). Andere Gewaltexzesse, die er miterlebt hat, haben ihn bereits dauerhaft verstört, aber auch die belastende Erkenntnis, dass seine Sehnsucht nach Verständigung mit seinem Vater oder wenigstens einem Abschied am Grab endgültig unerfüllt bleiben wird.

Walter: veränderter Mensch nach dem Krieg

In der Rahmenerzählung charakterisiert der Ich-Erzähler, Walters Sohn, in groben Zügen das Leben seines Vaters nach dem Krieg in Oberhausen. Obwohl er wortkarg und melancholisch ist, respektieren ihn die Menschen. Sie erkennen an ihm den „Ernst dessen, der Eindringlicheres gesehen hatte und mehr wusste vom Leben, als er sagen konnte" (8 f.). Seine wesentlichen Eigenschaften haben sich erhalten, wenn auch in verhaltener Form. Er verrichtet zuverlässig seine schwere Arbeit als Bergmann unter Tage, ist hilfsbereit. Auch bleibt er noch lange ein Mann, der sich geschmackvoll und sorgfältig kleidet und den die Frauen mögen (7 f.). Aber die Gabe, sich anderen Menschen so hingebungsvoll zuzuwenden wie früher, blitzt nur noch „in entspannten Momenten" (8) auf. Als er schließlich mit bald sechzig unheilbar erkrankt, sehnt er sein baldiges Ende regelrecht herbei: „,Hoffentlich ist der Scheiß hier bald vorbei'" (10).

3.4 Personenkonstellation und Charakteristiken

**Elisabeth:
Walters 2. ent-
scheidende
Bezugsperson**

Elisabeth, auch Liesel genannt, ist die zweite entscheidende Bezugsperson für Walter. Sie hat vor der Flucht aus Westpreußen die Realschule besucht. Jetzt ist sie mit ihrer Mutter und einer Schwester auf dem Gut Bovenau untergebracht. Der Krieg bedeutet auch für Elisabeth das abrupte und frühe Ende der Jugend. Sie zeigt Züge von Verwahrlosung: „‚Bald siebzehn ist sie, raucht wie ein Schlot und zigeunert wer weiß wo; der komm ich nicht bei'" (19), sagt ihre Mutter. Frau Isbahner weiß aber auch, dass ihre Tochter Walter „‚jedenfalls nicht verkehrt'" findet, obwohl sie öffentlich das Gegenteil bekundet. Elisabeth hat nach den Gewalterfahrungen während der Flucht ihr Urvertrauen eingebüßt und bleibt innerlich abwehrbereit und misstrauisch. So begegnet sie einem Annäherungsversuch Walters, indem sie ihm heißes Wasser auf die Füße kippt (19). Als sie die letzte Nacht vor Walters Einrücken in den Krieg mit ihm verbringt, bleibt ihr Ton ruppig: „‚Hoffentlich machst du bald das Licht aus!', zischte sie und rückte zur Seite. ‚Sonst bin ich gleich wieder weg'" (45). Walters Briefe von der Front beantwortet sie nicht und nach seiner Rückkehr nimmt sie ihn nicht sofort mit offenen Armen auf. Sie hat inzwischen ihre neugewonnene Unabhängigkeit zu schätzen gelernt und ist nicht restlos davon überzeugt, sie für Walter und ein Leben auf dem Land aufzugeben (219).

**Ungleiche
Charaktere**

Walter und Elisabeth sind also ebenfalls sehr gegensätzliche Charaktere und haben nichts von einem klassischen Liebespaar. Aber wie schon bei Fiete fühlt sich Walter zu Menschen hingezogen, die Schutz und einen ruhenden Pol benötigen. Elisabeth übt auf ihn einen starken erotischen Reiz aus, wobei ihm bewusst ist, dass sie „eigentlich nicht schön war. Sie hatte schiefe, seltsam graue Zähne, eine viel zu lange Nase, winzige Brüste und kaum Hüften" (32). Zu einem Seidenkleid trägt sie Gummistiefel (24). Trotzdem kann er ihrem Reiz nicht widerstehen, ihrer Frechheit und dem „Glanz ihrer schwarzen Brauen" wie bei einer „Zigeunerin" (32).

3.4 Personenkonstellation und Charakteristiken

Später in Kiel wird Elisabeth auch von anderen „Gypsy-Queen" (217) genannt. Wie schon in Bovenau fällt Walter das Funkelnde (32, 213) an ihr auf. Ihre Erotik ist jetzt aber greller geworden; sie betont ihre Reize mit Pumps, spitzem BH und auffälligem Parfüm (213). Mehrfach verbindet der Text sie metaphorisch mit Katzen (19, 215, 221, 223 f.) – Tieren, die traditionell Wehrhaftigkeit, Ungebundenheit, das Geheimnisvolle verkörpern. Die Schiffshörner aus dem Hafen (217, 223), die man bis in Elisabeths Zimmer hören kann, sind ein altes romantisches Symbol für die Sehnsucht nach der Ferne und dem Abschied vom Alltag. Trotzdem ist Elisabeths Liebe groß genug, um Walters Werben nachzugeben. Die miauende Katze hat sie vorher aus ihrem Zimmer ausgesperrt (221).

Elisabeth ahnt aber nicht, wie sehr der Krieg Walter verändert hat. Jetzt ist er es, der traumatisierte Kriegsheimkehrer, der dringend Hilfe benötigen würde. Sie ist die Einzige, an die er sich noch wenden kann. An dem Tag, an dem die beiden ihr gemeinsames Leben beginnen, wird aber gleich die Gelegenheit versäumt, das größte Hindernis für ihr Glück in den Blick zu nehmen. Elisabeth spricht Walter auf Fiete an: „,Warst du denn dabei?', fragte sie halblaut, flüsternd fast. ,Hast du es gesehen?'" (223). Statt aber sein Schweigen zu brechen und mit der Verarbeitung seines Traumas zu beginnen, reagiert er mit Ausflüchten, und Elisabeth setzt nicht nach. Sie lässt ihn damit davonkommen, „als striche sie im Inneren etwas durch" (223). Elisabeth ist zu jung und lebenshungrig, um dem Problem auf den Grund zu gehen. Sie möchte überhaupt den Krieg hinter sich lassen und nicht darüber nachdenken: „,Es reicht, Willi! Die Politik bleibt draußen'", weist sie einen Gast im Marine-Kasino zurecht (214). Und sie scheint es nicht problematisch zu finden, dass sie die Kleider eines Mordopfers der Nazis aufträgt (219). So versiegelt Walter endgültig sein dunkles Geheimnis in sich und macht das Schweigen und die Traurigkeit zum Dauerzustand. Er

Elisabeth: jung, lebenshungrig, möchte Krieg hinter sich lassen

3.4 Personenkonstellation und Charakteristiken

will auch nicht wirklich wissen, warum Elisabeths Kissen verdächtig nach der Pomade des Schwarzmarkt-Freddy riecht (216). Als unzureichenden Trost erhält er von ihr Sex, Schokolade und den „bitteren Wein", der die Zähne „stumpf" macht wie in dem Bibelzitat des Mottos (221, 224). Trotzdem ist Elisabeth die Einzige, mit er sich in seinen letzten Jahren, als er fast taub und endgültig in sich zurückgezogen ist, auf eine für den Sohn rätselhafte Weise noch verständigen kann (9).

Zur Charkterisierung Walters und Elisabeths siehe auch S. 99, 114 f.

Die Nebenfiguren

Täter und Mitläufer

Durch die große Anzahl von Nebenfiguren schafft der Roman ein Panorama der letzten Kriegsphase. Bei den Tätern und Mitläufern werden unterschiedliche Beweggründe und Haltungen aufgezeigt: Fanatismus (Frick), Sadismus (die Fallschirmjäger in Brevda), Beutegier (die Wachmannschaften bei dem Todesmarsch), Zynismus (Dr. Rapp), Abenteuerlust (Reinhild Lerche). Das Führungspersonal von Wehrmacht und SS genießt noch mitten im Untergang Privilegien. Offiziere essen Schinken und „goldfarbene Fische" (66), während die Mannschaften sich mit Tubenkäse und Kunsthonig begnügen müssen. Nach dem Krieg gibt es wieder Profiteure (Schwarzmarkt-Freddy) und Leute, die ihre Macht auskosten (der Aufseher an der Wasserausgabestelle in München), dazu solche, die die deutsche Schuld leugnen oder verdrängen (Willi).

Namenlose Opfer und Täter

Zusätzlich zu den Nebenfiguren gibt es noch viele namenlose Opfer und Täter. Es wird erkennbar, welches Ausmaß die Metzelei hatte. Walter sieht immer wieder Verwundete und Sterbende in verschiedenen Lazaretten (z. B. 69), die bei einem Fliegerangriff auf seinen Lastwagen getöteten Verletzten (97 f.), die in Gewässern treibenden Leichen (108, 136), die an Bäumen gehenkten Deserteure (118 f.), die Bombenopfer in Totis (106), die ermordeten Zwangsarbeiter in Langenhorn (52) und in Ungarn (136 f.).

3.4 Personenkonstellation und Charakteristiken

Wenige ragen unter den Nebenfiguren hervor.
Walters Vater, der nicht direkt in Erscheinung tritt,
spielt in der Gedankenwelt seines Sohnes eine große
Rolle. Obwohl er als Kind unter dem Trinker und
Schläger zu leiden hatte, vermisst er ihn (104). Der
Vater ist im Krieg als Wachmann im Konzentrationslager Dachau eingesetzt, wird aber in ein Strafbatail-
lon versetzt, weil er Häftlingen Zigaretten geschenkt
hat. Walter überlegt daraufhin, ob sein Vater vielleicht doch einen guten Kern hatte. Unbefriedigte
Sehnsucht nach einem liebevollen Vater ist ein durch-
gängiges Motiv in dem Roman. **Der Ich-Erzähler und
Walter** sowie **Jochen Greiff und sein Vater** (90 f.)
sind weitere Beispiele. Jochen wird wie Elisabeth als
jemand porträtiert, dem der Krieg die Jugend zerstört hat, wahrscheinlich sein ganzes Leben. Seinen
Wunsch, Maler zu werden, hat er abgeschrieben, seit
er an der Front ein Auge verloren hat (94). Jetzt sucht
er verzweifelt nach starken Erlebnissen durch Drogen
(88 f.) und Sex. Er hat ihn mit Männern, wobei nicht
ganz klar ist, ob er schwul ist. Jedenfalls folgt er einer
Überzeugung, zu der er gelangt ist: „„In der Todes-
angst will jeder noch mal alles erleben'" (91).

Der Verwalter **Klaas Thamling** ist ein „guter Geist"
auf dem Gutshof Bovenau, der dem NS-Regime kritisch gegenübersteht und kein Parteimitglied ist, sich
aber an die Verhältnisse anpasst, um Schaden von
dem Gut abzuwenden (33). Er weiß Walters Qua-
litäten zu schätzen und ist für ihn ein väterlicher
Freund. Thamlings Frau ist krank; es gibt Gerüchte,
dass er in Malente „„was Junges zu laufen'" hat (17).

Der Großvater
Rothmanns in
Wehrmachtsuni-
form als Wächter
in Mauthausen
© Ralf Rothmann

Der Sturmbannführer **Domberg** ist ein bösartiger Narzisst, der es genießt, andere zu demütigen (149 f.) und mit seiner früheren Stellung als Gutsherr in Ostpreußen zu prunken (153). Seine weitschweifigen Ausführungen über Grammatik und Landwirtschaft würzt er gerne mit vulgär-sexuellen Anekdoten (153). Dabei repräsentiert er einen deutschen Bildungsbürger, der genießerisch Lyrik rezitieren kann (152). Domberg hat monströse Züge; sein gepflegtes Geplauder ist nur eine Fassade, hinter welcher ein Unmensch lauert. Im Übrigen vertritt er in dem apokalyptischen Subtext des Romans den Antichrist (vgl. Kap. 3.3, S. 72 ff. Siehe zu Domberg auch S. 113).

3.4 Personenkonstellation und Charakteristiken

PERSONENKONSTELLATION

DER ERZÄHLER: Walter Urbans Sohn

PROTAGONISTEN

| Walter Urban | Fiete Caroli | Elisabeth/Liesel Isbahner |

**FAMILIE / UMFELD
DER PROTAGONISTEN**

MILITÄRISCHES UMFELD

Walters Familie in Essen

- Vater (48, 73 ff., 103 f.)
- Mutter (47 f., 75, 197 ff.)
- Schwester Helene/Leni (72 f., 75, 192 ff.)
- Herbert Hess, der Geliebte der Mutter (47 f., 72 f., 197 ff.)

Familie Jahnson

- Sybel Jahnson und Ehefrau (23, 209 f.)
- Tochter Ortrud, Fietes schwangere Freundin (23 f., 43, 68, 108, 145, 209 f.)
- Tochter Hedwig, verlobt mit Ernst Kobluhn (25, 27, 44)

Elisabeths Familie

- Mutter (18 ff.)
- Schwester (31)

Gutsverwaltung

- Klaas Thamling (14, 17, 32 f., 41, 202 ff.)
- seine Ehefrau (17, 24)

Einfache Soldaten

- Ernst Kobluhn (23, 27 ff., 41 ff.)
- Ole und Harry Laatz (54 ff.)
- Paul Jepsen (54 ff.)
- August Klander (75 ff., 139)
- Jochen Greiff (88 ff.)
- Wehrmachthelferin („Blitzmädchen") Reinhild Lerche (129 ff., 134 f.)

Das Erschießungskommando

- Jörn Asmussen (70, 138 ff., 169 ff.)
- Friedhelm (139 ff., 169 ff.)
- Hermann (139 ff., 169 ff.)
- Florian (139 ff., 169 ff.)

Ältere Angehörige und Führungspersonal der Waffen-SS

- Scharführer Frick (24, 36 ff.)
- Untersturmführer Dr. Rapp (49 ff.)
- Scharführer Egon Vatteroth (54, 70)
- die beiden Feldpolizisten in dem Dorfgasthaus (57 ff.)
- die drei Fallschirmjäger in Brevda (76 ff.)
- Hauptsturmführer Greiff (88, 90 f., 111 ff., 148)
- Unterscharführer Troche (138, 147 f., 165 ff., 171 ff.)
- Sturmbannführer Domberg (148 ff., 171 ff.)

Zivile Opfer des Krieges / des NS-Regimes

- der greise Müller, seine Frau Zsuzsa und der bucklige Ziegenhirte Fredo in der Mühle (77 ff.)

Sonstige Nebenfiguren

- der Ortsbauernführer Mark Hunstein (37 ff.)
- die junge Frau und das Kind in dem Dorfgasthof bei Ingolstadt (56 ff.)
- der Aufseher an dem Hydranten in München (185 f.)
- der Schwarzmarkt-Freddy (211 f., 216)
- der Betrunkene namens Willi (213 f.)

3.5   Sachliche und sprachliche Erläuterungen

3.5   Sachliche und sprachliche Erläuterungen

7	**Brisk**	eine Frisiercreme
9	**Hauer**	Bergmann, der mit Werkzeug Gestein löst
9	***Jerry Cotton***	seit 1954 im Bastei-Verlag erscheinende Reihe von trivialen Kriminalromanen um einen New Yorker FBI-Agenten
10	**Blutsturz**	durch Verletzung einer Arterie plötzlich einsetzende starke Blutung, meistens aus dem Mund
10	**Édouard Manet**	französischer Maler (1832–1883)
12	**Skleren**	die Lederhaut des Auges
13	**Schätzlein**	eine inzwischen verschwundene Kette von Supermärkten
14	**Hungergrube**	tiefe Einsenkung in der Bauchwand bei Pferd und Rind
14	**Natron**	Salz, das im Haushalt vielseitig verwendbar ist, hier als Waschmittel
14	**Portikus**	Säulenhalle als Vorbau eines Gebäudes
14	**kanneliert**	mit senkrechten Rillen
15	**Häcksel**	maschinell kurzgeschnittenes Stroh oder Grünfutter
15	**Blesse**	heller Stirnfleck oder -streifen bei Tieren
15	**requiriert**	beschlagnahmt für das Militär
15	**Meierei**	Molkerei
16	**Kropf**	auffällige Verdickung vorn am Hals, durch eine krankhaft vergrößerte Schilddrüse verursacht
16	**Besenreiser**	unter der Haut durchscheinende, zweigartig verästelte Venen
17	**Malente**	Stadt in Ostholstein, ca. 70 km entfernt von Gut Bovenau
17	**Westpreußen**	frühere preußische Provinz mit der Hauptstadt Danzig; heute Teil von Polen

3.5 Sachliche und sprachliche Erläuterungen

18	**Zarge**	Einfassung einer Tür
18	**Reichsnähr-stand**	der gleichgeschaltete nationalsozialistische Bau-ernverband
20	**Tommys**	umgangssprachliche Bezeichnung für britische Sol-daten
21	**Fledermaus-gaube**	Eine Gaube ist ein Aufbau auf einem schrägen Dach, in diesem Fall mit einer geschwungenen Form.
21	**Marika Rökk, Magda Schnei-der**	beliebte Filmschauspielerinnen
22	**Stalingrad-Kreuz**	Ein Orden, verliehen an Teilnehmer der extrem verlustreichen Schlacht von Stalingrad, die als Wendepunkt im Zweiten Weltkrieg gilt. Die 6. Ar-mee der Wehrmacht wurde hier eingekesselt und musste Anfang 1943 kapitulieren.
22	**Manchester-Hose**	eine robuste Cordhose
23	**Hans Albers**	beliebter Schauspieler und Sänger
23	**Zündapp**	von der Firma Zündapp hergestelltes Motorrad
23	**Galionsfigur, Windsbraut**	vor allem auf Segelschiffen: am Bug angebrach-te geschnitzte Figur, z. B. einer Frau als wilder Gefährtin des Windes
24	**Volksempfänger**	im Jahr 1933 eingeführter Radioapparat, der von den Nazis als Instrument zur Verbreitung ihrer Propaganda genutzt wurde
24	**Waffen-SS**	Die sogenannte Schutzstaffel (SS) wurde 1923 als Leibgarde Adolf Hitlers gegründet. 1939 wurde die Waffen-SS als militärischer Teil der SS gegründet. Sie agierte weitgehend autonom von der Wehr-macht und war an zahlreichen Kriegsverbrechen beteiligt.
25	**Lever dood as Slaav!**	„Lieber tot als Sklave!" Ein seit dem 19. Jahrhundert bekannter politischer Slogan in friesischem Dialekt, den sich die Nazis angeeignet hatten.

3.5   Sachliche und sprachliche Erläuterungen

26	**Ata**	Scheuermittel der Firma Henkel
27	**BDM**	Der Bund Deutscher Mädel war als Gegenstück zur Hitlerjugend die nationalsozialistische Organisation für die weibliche Jugend.
28	**Lametta**	ein volkstümlich-ironischer Ausdruck für die mit Orden geschmückte Uniformbrust
31	**Landser**	im Zweiten Weltkrieg gebräuchliche Bezeichnung für einen einfachen Soldaten im Heer
33	**Reusen**	kegelförmige Netzfallen zum Fangen von Fischen und anderen Wasserlebewesen
34	**Leibstandarte**	ein nach der Machtergreifung 1933 aufgestellter, Hitler persönlich unterstellter paramilitärischer Verband mit 120 Mitgliedern; vollständige Bezeichnung: Leibstandarte SS Adolf Hitler
34	**Vulkanfiber**	hornähnlicher Werkstoff
35	**Silberpaspeln**	Eine Paspel ist ein schmales Band, das an der Naht eines Kleidungsstücks angebracht wird.
38	**Kümmel**	mit Kümmel angereicherter Schnaps; traditionell in Schleswig-Holstein verbreitet
42	**Imi**	Waschmittel der Firma Henkel (vgl. Anmerkung zu „Ata", 26)
42	**Völkischer Beobachter**	die Parteizeitung der NSDAP
45	**Spieß**	unter Soldaten gebräuchliche Bezeichnung für einen Kompaniefeldwebel
54	**Esse**	offene Feuerstelle in einer Schmiede
57	**Haferlschuhe**	traditioneller Arbeitsschuh in den östlichen Alpenregionen; wird auch zu vielen Trachten getragen
58	***Der letzte Mohikaner***	ein 1826 erschienener Roman von James Fenimore Cooper; der zweite und bekannteste unter den fünf Bänden der Lederstrumpf-Reihe

3.5 Sachliche und sprachliche Erläuterungen

62	**Himmler**	Der 1900 geborene „Reichsführer-SS" Heinrich Himmler gilt als einer der Hauptverbrecher des NS-Regimes und Organisator des Massenmords an den europäischen Juden. Er beging 1945 in britischer Kriegsgefangenschaft Selbstmord.
68	**Blinis**	Russische Variante des Pfannkuchens
71	**Titos Leute**	Josip Broz Tito (1892–1980) war der Generalsekretär der Kommunistischen Partei Jugoslawiens. Nach dem deutschen Überfall auf das Land organisierte er den Widerstand. Von 1945 bis zu seinem Tod regierte er Jugoslawien diktatorisch.
73	**Volkssturm**	im September 1944 gebildet, um alle noch nicht eingezogenen Männer zwischen 16 und 60 zur „Verteidigung des Heimatbodens" zu mobilisieren
75	**Panzergruppe Kleist**	Benannt nach ihrem Oberbefehlshaber Generalfeldmarschall Paul Ludwig Ewald von Kleist. Dieser wurde nach dem Krieg in Jugoslawien und in der Sowjetunion wegen Kriegsverbrechen verurteilt. Er starb 1954 in einem russischen Gefängnis.
75	**Glimmer, Diorit**	Mineralien; Glimmer wurde für die Herstellung der Linsen bei den ersten Gasmasken verwendet.
86	**Puszta**	die Ebene, die einen großen Teil Ungarns bedeckt
88	**Infanterist**	Angehöriger der Infanterie, einer Truppengattung der Landstreitkräfte, die überwiegend auf den Nahkampf spezialisiert ist
88	**Pervitin**	Seit 1938 synthetisch hergestellte Droge, heute bekannt als Methamphetamin oder Crystal Meth. Pervitin wurde im Dritten Reich rezeptfrei in der Apotheke verkauft und im Krieg millionenfach an Soldaten verabreicht, um ihre Leistungsfähigkeit zu steigern. Wurde u. a. als „Panzerschokolade" bezeichnet.
89	**Veronal**	Ein 1908 eingeführtes Beruhigungs- und Schlafmittel der Firmen Bayer und Merck, das heute nicht mehr als Medikament verwendet wird, weil es in leichter Überdosierung schon tödlich wirken kann.

3.5   Sachliche und sprachliche Erläuterungen

91	**Sepp Dietrich**	Dietrich war Kommandeur der Leibstandarte SS Adolf Hitler (vgl. Anmerkung zu 34); später rang-höchster Offizier der Waffen-SS und 1945 mit der 6. SS-Panzerarmee in Ungarn eingesetzt. Er wurde nach dem Krieg in mehreren Prozessen wegen schwerer Kriegsverbrechen verurteilt, musste aber nur ca. zehn Jahre in Haft verbringen.
91	**Kampfgruppe Ney**	Eine deutsch-ungarische SS-Einheit unter der Lei-tung des Hauptsturmführers Károly Ney. Dieser wurde 1946 von einem US-Militärtribunal zum Tod verurteilt, weil unter seinem Befehl fünf amerikani-sche Fallschirmspringer ermordet worden waren. Er wurde aber auf Betreiben des US-Militärgeheim-dienstes Counter Intelligence Corps begnadigt und entlassen und war danach für den CIC tätig.
91	**Hundertfünf-undsiebziger**	Jemand, der sich strafbar gemacht hatte nach dem § 175 StGB, welcher sexuelle Handlungen zwischen männlichen Personen untersagte. Der Paragraf wurde erst 1994 endgültig abgeschafft.
100	**Kalvarienhügel**	eine Erhebung mit Wallfahrtskirche und der Nach-bildung der Stationen der Kreuzigungsgeschichte
104	***Die heimliche Stadt***	im Jahr 1921 erschienene Gedichtsammlung von Oskar Loerke (1884–1941)
107	**Tabernakel**	verziertes Gehäuse, in dem in katholischen Kirchen die nach dem heiligen Abendmahl übrig gebliebe-nen Hostien aufbewahrt werden
107	**Färse**	geschlechtsreifes weibliches Rind, das noch kein Kalb geboren hat
108	**Philippi am Letzten**	Redewendung, die auf die Schlacht bei Philippi (42 v. Chr.) im Römischen Bürgerkrieg Bezug nimmt. Bringt hier zum Ausdruck, dass die vernich-tende Niederlage Deutschlands nun so vollständig ist wie seinerzeit die der Verschwörer Brutus und Cassius.
110	**Ikonen**	Kult- und Heiligenbilder; werden vorwiegend im Be-reich der orthodoxen Kirche verwendet

3.5 Sachliche und sprachliche Erläuterungen

118	**Balaton**	in Westungarn gelegener großer See; deutsch: Plattensee
119	**Flak**	Flugabwehrkanone
128	**Blitzmädel**	Über eine halbe Million Frauen wurden im Zweiten Weltkrieg als Wehrmachtshelferinnen beschäftigt. Der Begriff aus der Soldatensprache leitet sich aus einem Emblem der Fernmeldetruppe ein, bei der viele dieser Frauen eingesetzt wurden.
130	**die Leander**	Zarah Leander, schwedische Schauspielerin und Sängerin, die vor allem als Filmdarstellerin im nationalsozialistischen Deutschland Erfolg hatte
130	**Willy Birgel**	ein bekannter Schauspieler
131	**gute Augen, wie der Loibl**	Anton Loibl, ein SS-Hauptsturmführer und zeitweise der Chauffeur Hitlers, erfand nebenbei den Reflektor für Fahrradpedale. Reflektoren werden auch Katzenaugen genannt, weil sie wie diese das Licht zurückwerfen.
132	**Szálasi**	Der ungarische General Ferenc Szálasi war der Vorsitzende der faschistischen Pfeilkreuzlerpartei und führte Ungarn diktatorisch in der Endphase des Zweiten Weltkriegs. Er wurde 1946 in Budapest hingerichtet.
135	**Salpeter-Ausblühungen**	Feuchtigkeitsschaden im Mauerwerk durch ausgetretene Nitrat-Salze
136	**Mauser**	Handfeuerwaffe, hergestellt von der gleichnamigen Firma in Isny im Allgäu
141	**Trauminet**	österreichisches Wort für Angsthase
142	**Tito-Gesocks**	vgl. Anmerkung zu 71
159	**Nissen**	die Eier der Kopflaus
182	**Kainsmal**	Erkennungszeichen eines Mörders; im Alten Testament dem Brudermörder Kain von Gott auferlegt
183	**Konzentrationslager bei München**	Gemeint ist das KZ Dachau; dort war Walters Vater Wachmann vor seiner Strafversetzung.

3.5   Sachliche und sprachliche Erläuterungen

184	**Totenkopf-SS**	Die SS-Division Totenkopf galt im Dritten Reich als Eliteeinheit. Sie rekrutierte sich ursprünglich aus KZ-Wachmannschaften. Angehörige der Division verübten Kriegsverbrechen.
184	**Göring**	Reichsfeldmarschall Hermann Göring, einer der mächtigsten Politiker im Dritten Reich, wurde beim Nürnberger Prozess gegen die Hauptkriegsverbrecher zum Tod verurteilt, entzog sich der Vollstreckung aber durch Selbstmord am 15. 10. 1946.
185	**Zwillingstürme**	Teil der Frauenkirche in München
195	**Dubbel**	in der Sprache des Ruhrgebiets: belegte Brote; Stullen
195	**Pittermesser**	Schälmesser
195	**Futt**	Ruhrgebietssprache: Hintern
219	**Neuengamme**	nationalsozialistisches Konzentrationslager am Stadtrand von Hamburg
224	***Menschen im Hotel* von Vicki Baum**	Der 1929 erschienene Roman führt in einem Berliner Luxushotel für einen begrenzten Zeitraum die Schicksale einiger ganz unterschiedlicher Menschen zusammen. Die Österreicherin Vicki Baum (*1888) war eine Bestseller-Autorin der Weimarer Republik. Sie emigrierte 1932 in die USA, wo sie 1960 starb.
224	***Unterm Rad* von Hermann Hesse**	Die Erzählung von 1906 schildert den Werdegang eines sensiblen Jugendlichen, der unter dem Druck durch Gesellschaft und Schule zerbricht. Hesse (1877–1962) kritisiert die zeitgenössische Erziehung, die jungen Menschen keinen Raum zur Entfaltung ihrer Individualität gewährt.
231	**Schubert-Lied**	*Gute Nacht* („Fremd bin ich eingezogen") ist das erste Lied in dem Zyklus *Winterreise*, den Franz Schubert 1827 komponierte. Die Texte schrieb Wilhelm Müller.

3.6 Stil und Sprache

→ Der Roman verbindet einen schonungslosen Realismus bei der Darstellung der Kriegsgräuel mit einem metaphysischen Realismus, der eine höhere Wirklichkeit einbezieht.

→ Auffällig ist die konzentrierte Hinwendung zur Körperlichkeit der Figuren. Die geschichtlich erfahrenen Traumata manifestieren sich in Walters und Elisabeths Körpern und werden von ihnen weitervererbt. Die zerfleischten Körper der SS-Offiziere sind Zeichen ihrer psychischen Deformation.

→ *Im Frühling sterben* ist ein polyphoner Roman; er vereinigt eine Vielzahl von Stimmen, Perspektiven und Sprachstilen.

→ Typisch für einen polyphonen Roman ist ein hohes Maß an Intertextualität. Dabei ragen die biblischen Zitate und Anspielungen heraus.

→ Charakteristisch für die Komposition ist auch der Kontrast zwischen Bildern, die das Finstere und Traumatisierende der Kriegserfahrung vermitteln, und (seltener) solchen, die eine helle, Hoffnung machende Welt eröffnen.

Realismus

In Rezensionen wurde besonders häufig der „Realismus" des Romans hervorgehoben. Gérard Otremba schreibt: „Es ist Ralf Rothmanns **schonungsloser Realismus**, der *Im Frühling sterben* zu einem außergewöhnlichen Stück deutscher Literatur

3.6 Stil und Sprache

Kritische, ungeschönte Darstellung der Wirklichkeit

macht."[60] „Schonungsloser Realismus" ist ein Schlüsselbegriff für eine Literatur, die kritisch und engagiert ist und die Wirklichkeit ungeschönt darstellt. Es ist richtig, dass es sich hier um einen Anti-Kriegsroman handelt, der von dem Gemetzel und den Leiden der Opfer bis an die Grenzen des Aushaltbaren erzählt. Diese Wirkung verstärkt der Erzähler in den entsprechenden Passagen oft noch durch den kühlen Ton eines distanzierten Beobachters. Es ist ein Buch, das durch drastische Schilderungen auch erschüttern will. Man kann es deshalb als „Mahnmal gegen das Vergessen, gegen die Grausamkeit des Kriegs, gegen wahnsinnige Befehle, gegen falsches Ehrgefühl, gegen die Diktatur des Bösen"[61] auffassen.

In einer Kritik in der *Frankfurter Rundschau* kommt der Begriff „Realismus" sogar fünfmal vor, aber Christian Thomas bemerkt auch, dass es in *Im Frühling sterben* ein Zusammenspiel unterschiedlicher Formen von Realismus gibt. So erzeugt Rothmann den Eindruck von Wirklichkeitsnähe auch durch die **präzise wie feinnervige Beschreibung von Orten und Stimmungen**, z. B. wenn er „auf wenigen Seiten das Aroma der Nachkriegszeit einfängt, angefangen mit der Bedeutung von Frisuren, der vom Haarspray ‚makellos' gehaltenen Frisur der Mutter" oder „die Mentalität des alten Kohlenpotts sprechen lässt, vor allem den Mutterwitz, und diesen, ausgerechnet, durch den Mund einer Göre."[62]

Zeitgeschichtliche Details

Der Roman ist außerdem mit zeitgeschichtlichen Details gesättigt und er aktiviert kulturelles Wissen beim Leser. Dadurch erzeugt er eine Wirkung, die man als **Realitätseffekt** bezeichnet. So sind etwa historisch nachprüfbare Angaben zum Kriegsverlauf

---

60 Otremba, Gérard: *Ralf Rothmann: Im Frühling sterben. Ein großes Stück deutscher Literatur.* „Sounds & Books", 12. 06. 2015; online: https://www.soundsandbooks.com/ralf-rothmann-im-fruehling-sterben-roman/ (Stand: Mai 2021).
61 Ebd.
62 Thomas (2015). Mit der Göre ist Walters Schwester Helene gemeint.

3.6 Stil und Sprache

enthalten. Die Namen von NS-Größen wie Göring, Himmler und Sepp Dietrich werden erwähnt, aber auch die von zeitgenössischen Filmstars sowie die Titel von bekannten Schlagern und Kinofilmen der Vierzigerjahre. Der Erzähler streut auch heute kaum noch bekannte Wörter aus dem Alltagsleben auf dem Land großzügig ein („Blessen", „Hungergrube", „Häcksel" usw.), auch Fachbegriffe aus dem Bauwesen („Portikus" mit „kannelierten Säulen", „Fledermausgaube").

Ein weiteres, weithin akzeptiertes Kriterium für Realismus ist **Plausibilität**. Die Charaktere und die Handlungsführung müssen so gestaltet sein, dass der Leser mit seiner Lebenserfahrung und Menschenkenntnis daran anknüpfen kann. Was er in diesem Sinn für plausibel, also für gut möglich oder wahrscheinlich hält, empfindet er als realistisch. *Im Frühling sterben* wirkt weitgehend plausibel, obwohl der Leser bei einigen Elementen stutzen könnte. Dass die SS einem Soldaten erlaubt hätte, in einer militärisch prekären Situation einen privaten Ausflug mit dem Motorrad in umkämpftem Gebiet zu unternehmen, ist tatsächlich nicht sehr glaubwürdig. Dafür benötigt es eine umständliche Vorgeschichte, in der Walter dem Sohn des Kommandanten das Leben rettet und sich so seiner Dankbarkeit versichert. Weiterhin gibt es einige stereotype Charaktere, vor allem in Reihen der SS, die psychologisch kaum ausgestaltet sind, was ebenfalls als Verstoß gegen das Plausibilitätsprinzip gilt.

Allerdings muss dies nicht als Mangel empfunden werden, weil die erwähnten unplausiblen Handlungselemente überwiegend in das apokalyptische Narrativ eingebettet sind (vgl. Kap. 3.3, S. 71 ff.). Indem der Roman das Weltkriegsgeschehen mit der biblischen Johannesoffenbarung in Beziehung setzt, bezieht er eine metaphysische (höhere) Wirklichkeit ein, in der die Gesetze der Wahrscheinlichkeit nur begrenzt gültig sind. Es ist ein literarisches Verfahren, das kennzeichnend für Ralf Rothmann ist und für welches sich Be-

Metaphysische
Wirklichkeit

3.6   Stil und Sprache

griffe wie „beseelter"[63] oder **metaphysischer Realismus**[64] eingebürgert haben.

Erzählte Körper

Körperlichkeit im Zentrum der Darstellung

Die Darstellung menschlicher Körper nimmt breiten Raum ein. Das ist konsequent in einem Roman, dessen zentraler Gedanke darin besteht, dass die geschichtlich erfahrene Gewalt in den Körpern der Menschen weiterlebt. Fiete erklärt Walter, dass sich jedes Trauma in „die Zellen in unserem Körper einschreibt" und dass es sogar weitervererbt wird und damit noch in den Körperzellen der Nachkommen präsent ist (162). Darum gibt es zahlreiche Situationen, in denen die Körperlichkeit der Figuren im Zentrum steht: erotische Begegnungen, ausschweifende Feiern, Szenen mit physischer Gewalt und immer wieder Krankheit, Leiden, Sterben und Tod. Mit rücksichtsloser Genauigkeit wird auf vier Seiten beschrieben, wie Fietes Körper reagiert, als er auf den Exekutionsplatz geführt wird und nachdem die Schüsse ihn getroffen haben: seine Haltung, seine Augen und immer wieder sein Mund und sein Atem, bis „der letzten Atemhauch verwehte und der offene Mund leer blieb" (176). Gleichzeitig werden die körperlichen Symptome, die Walters Zusammenbruch begleiten, mitgeteilt: der Schwindel, das Rumoren der Därme, das Knirschen der Zähne und die Schweißausbrüche.

In den Körpern der Figuren spiegelt sich wider, was sie im Krieg erlebt haben. Viele haben ihre natürliche, organische und gesunde Körperlichkeit eingebüßt oder verlieren diese im Verlauf der Handlung: Geschundene, versehrte, verwundete, verkrüppelte und sterbende Körper repräsentieren die Unmenschlichkeit des Krieges

---

63   Ebd.
64   Wolbring (2011).

3.6 Stil und Sprache

und sind häufig **Metaphern für die Veränderung ihrer Persönlichkeit**. Elisabeths und Walters Körper sind davon gezeichnet, dass sie fremd im eigenen Leben geworden sind. Elisabeth vermittelt das Ungezähmte und die Rastlosigkeit der streunenden Katze, mit der sie assoziiert wird (19). Nomadenhaft stellt man sich die „Zigeunerin" vor, von welcher sie die „schwarzen Brauen" und die erotische Ausstrahlung hat (32). Ihr Körper ist Ausdruck der Zerrissenheit zwischen Lebenslust und Abwehrhaltung einer Frau mit den „immer etwas ängstlich blickenden Augen" (32). Später im Leben hat Elisabeth die Gummistiefel gegen Pumps eingetauscht, aber der spitze BH (213), das Zuviel an Make-up und Haarspray (11, 213) senden immer noch widersprüchliche Signale. Sie will verlocken und baut gleichzeitig einen Körperpanzer um ihr Selbst.

Elisabeths Körper

Walters **körperliche Transformation** beginnt mit der Tätowierung durch den SS-Arzt (49 f.). Wie es auch in der organisierten Kriminalität bis heute üblich ist, bindet die Tätowierung ein Mitglied rituell und sichtbar an eine Gruppe. Nach dem Krieg trägt er sie immer noch auf dem Arm, jetzt aber wie das „Kainsmal" (182) des Brudermörders. Er bewahrt sich seine Würde, indem er wird, „was es kaum je gibt: ein eleganter Arbeiter" (8). Beim unermüdlichen Einsatz in der Kohlenzeche ruiniert er ohne Rücksicht Körper und Gesundheit und nimmt Taubheit, Blutstürze und den frühen Tod billigend in Kauf (10).

Walters Körper

Viel Raum wird der Beschreibung der **Körper von Soldaten** gewidmet. Der Nationalsozialismus förderte ein hohes Körperbewusstsein, welches massenhaft über propagandistische Bilder und Filme vermittelt wurde, in denen das Idealbild des kraftstrotzenden arischen Herrenmenschen-Körpers ausgestellt wurde. Diese wurden mit Abbildungen missgestalteter oder behinderter und für minderwertig oder sogar lebensunwert erklärter Menschen kontrastiert. Die aus acht Kriegsversehrten bestehende Kapelle im Fähr-

Hohes Körper-
bewusstsein
im National-
sozialismus

3.6   Stil und Sprache

hof, darunter Blinde und ein einarmiger Trompeter (19, 30), wirkt
vor diesem Hintergrund grotesk (32, 40). Millionen von sogenannten Kriegskrüppeln prägten auch nach dem Krieg das Straßenbild.
In Kiel spendet Walter einem beinamputierten Akkordeonspieler
ein paar Pfennige (211).

Bei den höheren SS-Dienstgraden herrschen ebenfalls **groteske
Körperbilder** vor. Bei diesen Figuren korrespondiert die Deformation ihrer Körper mit der Deformation ihrer Psyche. Eines der am
häufigsten vorkommenden Motive in dem Roman ist der Kontrast
zwischen den Narben, Entstellungen und amputierten Körperteilen
der SS-Offiziere (einer hat sogar eine Nasenprothese, die er gern
zum Spaß abnimmt 85) und den als „fesch" und „schneidig" (199)
geltenden Uniformen. Die spezielle schwarze Kluft sollte die SS als
Elite innerhalb des Nationalsozialismus abgrenzen und war ein we-
sentlicher Bestandteil der Inszenierung des heroisch-soldatischen
SS-Körpers. Immer wieder erwähnt der Text Details der Ausstat-
tung: vor allem das Koppelschloss mit der Aufschrift „Meine Ehre
heißt Treue" (z. B. 36) und die SS-Runen auf den Jacken. Die Offiziere verschaffen sich zusätzlich pseudo-aristokratischen Glanz
nicht nur durch die alten Burgen und Herrenhäuser, in denen die
SS überall ihre Hauptquartiere errichtet, sondern auch durch ihre
polierten Schaftstiefel, Ledermäntel und braunen, eng sitzenden
Wildlederhandschuhe, die aber manchmal ausgestopft sind, weil
die Hand nicht mehr existiert (z. B. 36, 60, 165), sowie durch sil-
berne Etuis (60, 120). In den Gefangenenlagern nach dem Krieg wird
die SS-Zugehörigkeit dann zur Belastung, und die Koppelschlösser
und „Abzeichen, Medaillen und Nahkampfspangen" werden schnell
entsorgt (180).

Das Bild, das von der SS gezeichnet wird, ist durchaus diffe-
renziert; der Kommandant Greiff scheint sich noch Reste seiner
Menschlichkeit bewahrt zu haben. Aber die Fallschirmjäger in der

3.6 Stil und Sprache

Mühle in Brevda und viele andere der im Roman porträtierten SS-Männer leben im Schutz des untergehenden NS-Staates bloß hemmungslos ihre dunklen Triebe aus. Die Wahrheit über diese Figuren wird auch durch ihre zerfleischten Körper enthüllt wie bei dem Ritterkreuzträger Frick, einer grellen Gestalt: „Er trug den linken Arm in einer Schlinge, und auch die gesamte linke Gesichtshälfte war versehrt, eine großflächige Narbe. Das Auge tränte" (24). Diese Narben und Verletzungen werden von überzeugten SS-Leuten mit Stolz präsentiert; sie sind Erkennungszeichen wie die Tätowierung und Beweis für ihre „„Treue zum Führer'" (37). Die Brutalität gegen andere wird durch die Selbstzerstörung unter Beweis gestellt. Auffällig ist der Fall des SS-Soldaten Ernst Kobluhn, der sich bei einer „Strafaktion" gegen Zivilisten versehentlich selbst einen Hoden weggeschossen und trotzdem nichts von seiner Kriegsbegeisterung eingebüßt hat (28 f.).

Propagandaplakat
mit Werbung
für die SS
© Wikimedia
Commons

Kein allgemein
verbindliches
Weltbild

Polyphonie

Polyphonie (Mehrstimmigkeit) ist ein wichtiges Gestaltungsmerkmal in *Im Frühling sterben*. Der Literaturwissenschaftler Michael Bachtin unterscheidet zwischen monologischen und polyphonen Romanen. Nur die letzteren vereinigen mehrere oder sogar eine Vielzahl von Stimmen, Perspektiven und Sprachstilen. Polyphonie ist weit verbreitet in der modernen Literatur; darin drückt sich aus, dass es heute kein allgemein verbindliches Weltbild mehr gibt. Es ist überhaupt ein Wesenszeichen moderner Kunstwerke, dass sie normalerweise nicht auf eine einzige Lesart festzulegen sind. Sie

3.6 Stil und Sprache

spiegeln wider, dass der Mensch fortwährend mit Fragen konfrontiert wird, auf die er keine eindeutigen Antworten finden kann.[65]

Obwohl er ein Fundament von Wertvorstellungen hat, die nicht verhandelbar sind, wie Mitgefühl, Nächstenliebe, die Ablehnung von Gewalt, ist auch Rothmanns Roman von dieser Mehrdeutigkeit (**Ambiguität**) geprägt. Sie findet ihren stärksten Ausdruck in dem unauflösbaren Dilemma, mit dem Walter durch das Todesurteil für Fiete konfrontiert wird. Die Episode auf dem Oberhausener Friedhof zeigt auch, dass der Erzähler noch immer keinen wirklich festen Standpunkt gefunden hat. Die Geschichte, die er sich ausdenkt, bringt wieder neue Fragen hervor, für die es keine „richtigen" Lösungen gibt: Ist die Freundschaft zwischen Walter und Fiete nicht sehr einseitig? Wie groß ist die Mitschuld des gedankenlos und fahrlässig handelnden Fiete an der Zerstörung von Walters Leben? Hat der Antichrist Domberg nicht auf eine abartige Weise recht, wenn er Walter nahelegt, gut zu zielen, damit sein Freund nicht leidet (da seine Hinrichtung ohnehin nicht abgewendet würde)?

Eine ausgeprägt polyphone Schreibweise ist im Übrigen besonders typisch für das apokalyptische Erzählen.[66] Zur Vielstimmigkeit trägt die **Verwendung unterschiedlicher Textsorten und Stilebenen** bei. In den Erzählfluss sind u. a. beigemischt:

→ die rhetorisch durchgeformte Rede des Ritterkreuzträgers Frick (36 f.);
→ die verschiedenen Briefe von Walter, seiner Mutter und seiner Schwester;
→ ein lyrisches Gedicht (152);
→ ein Liedtext (231 f.);

---

65 Vgl. Bauer, Thomas: *Die Vereindeutigung der Welt. Über den Verlust an Mehrdeutigkeit und Vielfalt.* Stuttgart: Reclam, 2018, S. 41.
66 Vgl. Thiel (2019), S. 136 f.

3.6 Stil und Sprache

Ein Kriegs-
versehrter
spielt Zither
© Wikimedia
Commons

→ die surreale Traumvision von Reinhild Lerche (130 f);
→ Bildungssprache („‚O sancta simplicitas'", 68);
→ Zoten („Die hat die Rinde von den glitschigen Weidenästen gezogen wie einen Präser'", 55);
→ derber Ruhrpott-Jargon („Dem würde ich das Pittermesser in die Futt rammen'", 195).

Typisch für polyphone Romane ist auch ein hohes Maß an **Intertextualität**. Man verwendet diesen Begriff, wenn ein Text andere Texte zitiert oder auf sie anspielt. Jeder einbezogene Text erweitert den Chor der Stimmen, der die Handlung begleitet, spiegelt,

3.6 Stil und Sprache

kommentiert. Von herausragender Bedeutung sind die **Bezüge zur Bibel**. Durch das apokalyptische Narrativ steht der Roman in einer Tradition mit der Johannesoffenbarung und einer Vielzahl von späteren Endzeit-Szenarien wie Richard Wagners Oper *Götterdämmerung*. Durch zwei direkte Bibel-Zitate (Motto und 13) versieht der Erzähler außerdem die moderne Trauma-Theorie, die dem Roman zugrunde liegt (162), mit der Autorität der Heiligen Schrift. Er stellt Walters Geschichte damit in einen jahrtausendealten Zusammenhang. Sein Trauma und das geerbte Trauma seines Sohnes sind nun nicht nur ihr individuelles Schicksal, sondern stehen exemplarisch für ein grundsätzliches Problem des Menschen.

Weitere wichtige Textbezüge sind:

EINBEZOGENER TEXT	VORKOMMEN	DEUTUNG
Die Titel von populären Schlagern aus der Zeit des Zweiten Weltkriegs	31, 32, 40, 123, 211	Die seichten Gute-Laune-Schlager stehen in ironischem Kontrast zu der traurigen Existenz der kriegsversehrten Musiker („Das kann doch einen Seemann nicht erschüttern!", „Kauf dir einen bunten Luftballon") und zur Lage des Landes („Davon geht die Welt nicht unter"). Auch die Diskrepanz zwischen „Ein Freund, ein guter Freund" und dem Verlauf der Beziehung Walter/Fiete ist auffällig. „Lili Marleen" ist ein rührendes, von Lale Andersen gesungenes Lied, das bei Wehrmachtssoldaten außerordentlich beliebt war und schließlich auch bei britischen und amerikanischen Truppen. Es handelt von einem Wachposten im Krieg, der sich nach seinem Mädchen in der Heimat sehnt.

3.6 Stil und Sprache

EINBEZOGENER TEXT	VORKOMMEN	DEUTUNG
Die Rede des Ritterkreuzträgers Frick	24, 36 ff.	Auffällige Parallele zu der berühmten Novelle *Katz und Maus* von Günter Grass (1961), die von dem Schicksal des jungen Soldaten Joachim Mahlke erzählt, der im Zweiten Weltkrieg zum Deserteur wird. Darin spielt die Rede eines Ritterkreuzträgers an Mahlkes Schule eine wichtige Rolle.
Das Gedicht *Grab des Dichters* von Oskar Loerke	Die letzten beiden von drei Strophen vollständig zitiert (152)	Loerke gehörte zu den Autoren der sogenannten Inneren Emigration. Diese Schriftsteller standen dem Nationalsozialismus ablehnend gegenüber, blieben aber im Gegensatz zu Kollegen wie Bertolt Brecht und Heinrich und Thomas Mann im Land. Sie zogen sich ins Private und in die Natur zurück und schrieben unpolitische Literatur oder kritisierten das Regime nur in sehr verhüllter Form. Die geheimnisvoll raunenden Chiffren dieses (schon lange vor 1933 erschienenen Gedichts) lassen es sogar zu, dass der ideologisch gefestigte Nazi Domberg daran Gefallen findet. Er eignet sich quasi Fietes letzten Trost an und bestraft ihn dadurch doppelt. Die Loerke- und Karl-May-Bezüge dienen auch als Hinweise darauf, wie gefährdet oder auch missbrauchbar Literatur in einem Unrechtsregime ist.
Die Gedichte *Die Häherfeder* und *Tage mit Häher* von Günter Eich	Unmarkierte Zitate/ Anspielungen: die titelgebende Metapher	Eich ist wie Oskar Loerke ein Schriftsteller der Inneren Emigration. Vergleiche zu diesen Gedichten Aufgabe 4 in Kapitel 6 (Prüfungsaufgaben mit Musterlösungen), S. 137 ff.

3.6 Stil und Sprache

EINBEZOGENER TEXT	VORKOMMEN	DEUTUNG
	(„Häherfeder"/ "Häher"/"blau", „Feder" 73, 97, 183, 192, 202) und einzelne Wörter („kollern" 109, 164); die vollständigen Texte befinden sich in Kap. 5, S. 126 f.	
Indianer-Geschichten	*Der letzte Mohikaner* (58), Karl May, Winnetou (85)	Seit seiner Kindheit hat Ralf Rothmann eine romantische Vorstellung von Indianern gepflegt, die bis heute immer wieder (inzwischen ironisch gebrochen) in seine Werke einfließt. Indianer stehen für Freiheit und Naturverbundenheit.[67] Deshalb ist Walter nur „Häuptling Ata" (26, 105, 163), bis die Erschütterung durch den Krieg ihn verändert. Dass der Junge in dem Gasthof bei Ingolstadt „Der letzte Mohikaner" liest (57 f.), beweist, dass er sich seine innere Unabhängigkeit bewahrt hat. Andererseits gibt sich der SS-Fallschirmjäger in Brevda als Winnetou-Leser zu erkennen. Den Reiz des Fährtenlesens hat er bei Karl May kennengelernt (85). Er nutzt es aber im Dienste seiner Mordaktionen. Dies zeigt, dass Motive bei Rothmann meistens ambivalent und immer im jeweiligen Kontext zu deuten sind.

---

67   Vgl. Rothmann: *Ich habe einen Traum*. Dieser Text findet sich in Kap. 5, S. 127 ff.

3.6 Stil und Sprache

EINBEZOGENER TEXT	VORKOMMEN	DEUTUNG
Robert Musils Parabel *Das Fliegenpapier*	Versteckte Anspielung: die Beschreibung mit dem „Klebeband voller Fliegen" (203)	Als Parabel ist Musils Text für viele Interpretationen offen. Er erzählt von Fliegen, die auf einer mit Leim bestrichenen Falle festkleben, sich dagegen aufbäumen, nur um am Ende doch endgültig zu versinken. Im Zusammenhang dieses Romans bietet es sich an, die Not der Fliegen, ihre „seelische Erschöpfung" auf Walters Gefühl der Ausweglosigkeit zu beziehen. Durch die Tiermetaphorik fügt sich die Parabel organisch in *Im Frühling sterben* ein (die Fliegen erinnern den Erzähler der Parabel auch an „krepierte Pferde"). Ein weiterer Anknüpfungspunkt ergibt sich durch Musils Anspielungen auf den Krieg (die Fliegen wirken „wie klapprige alte Militärs" und „wie gestürzte Aeroplane, die mit einem Flügel in die Luft ragen"). Entstanden ist der Text 1913.
Wilhelm Müllers Text zu dem Lied *Gute Nacht* („Fremd bin ich eingezogen") aus Franz Schuberts Zyklus *Winterreise*	Zitat der ersten Zeile (231) und eines Teils der vierten Strophe (232)	Das 1827 komponierte Lied gilt als klassischer Ausdruck der Erfahrung von Abschied, Heimatlosigkeit und Einsamkeit. Die Winterlandschaft ist ein Bild für die erstarrten Gefühle des Ichs. Der Erzähler des Romans erkennt darin den Schmerz des Fremd-Seins in der Welt wieder, den sein Vater ihm vererbt hat. Wie sein eigenes Schreiben kann das Lied ihm aber auch helfen, sein Leiden zu begreifen und zu verarbeiten.

3.6 Stil und Sprache

EINBEZOGENER TEXT	VORKOMMEN	DEUTUNG
Alle anderen Werke Ralf Rothmanns mit Bezug zu seinem autofiktionalen Schreibprojekt, z. B. der Roman *Junges Licht*	Selbstreferenziell (= selbstbezüglich): Rothmann zitiert sich laufend selbst; verwendet Figuren und Motive, die der kundige Leser wiedererkennt.	Das Rothmannsche Familienepos ist seit Jahrzehnten ein „work in progress", dessen Abschluss nicht vorherzusehen ist.

Der Begriff Polyphonie stammt aus der Musiklehre. Tatsächlich hat der Stil in *Im Frühling sterben* eine musikalische Dimension

(a) in der Sprache: Rothmann vertraut „ihrem musikalischen Geist. Alle ihre Teile – Klang, Rhythmus, Farben, Sinn, Unsinn und grammatische Struktur – haben das natürliche Bestreben, eine Ganzheit hervorzubringen."[68]

(b) auf der Ebene des vor allem auf Leitmotiven beruhenden Subtexts, welcher kompositorischen Prinzipien wie Wiederholung, Kontrast und Variation folgt.

Motive des Krieges

Ein Grundprinzip bei der Komposition dieses Romans ist dabei wie meistens bei Rothmann die „**Spannung oppositioneller Bilder**"[69]. Auf der einen Seite werden immer wieder Motive aufgegriffen, die den Abgrund der NS-Kriegsführung veranschaulichen und zugleich das potenziell Traumatisierende der Kriegserfahrung:

---

68 Zitiert nach Gierberg (2013).
69 Dies ist ein Ausdruck, den Magda Motté in einer Besprechung von Gedichten Rothmanns verwendet: *„Gebet in Ruinen"*. In: „Christ in der Gegenwart". Nr. 10, 2000. Zitiert nach Langenhorst (2009), S. 61.

3.6   Stil und Sprache

→ die unerträgliche Kulisse des Kriegslärms, für die der Erzähler
zahlreiche Verben findet: z. B. zischen, knacken, pfeifen,
röhren, bellen, dröhnen, heulen, prasseln und immer wieder
das Stöhnen der Verwundeten und Sterbenden
→ der Dauerregen und der tückische Morast, in dem die deutsche
Armee förmlich versinkt: trübe Gewässer, Schlamm, Pfützen,
nasse Gruben und Flüsse, in denen Leichen treiben
→ Feuer, Flammen und Rauch/Rauchsäulen, zerstörte Gebäude,
Städte und Landschaften
→ Fliegerangriffe durch Bomber, Nachtbomber und Tiefflieger,
wobei es manchmal zum Blickkontakt mit den feindlichen
Piloten kommt
→ defekte und zerstörte Technik: Panzer, Truppentransporter,
Flugzeuge, die den Dienst versagen und/oder zerschossen am
Weg zurückbleiben

Als Gegenstimme (musikalisch ausgedrückt: als Kontrapunkt) stehen diesen Motiven andere gegenüber, welche das Gegenteil vermitteln. Sie sind der Widerschein einer in der Welt verlorenen Harmonie, Schönheit und Humanität: zum Beispiel Walters liebevoller
Umgang mit Tieren, Momente der Stille und die poetischen Beschreibungen erhabener Natur (z. B. 96, 180). Solche hellen Motive sind seltener als die finsteren, aber ein Zeichen dafür, dass der
Erzähler selbst unter den furchtbarsten Umständen die Hoffnung
auf eine vollkommene Welt nicht aufgibt.

Gegenmotive

3.7 Interpretationsansätze

→ Zwei Formen von Männlichkeit stehen sich gegenüber: einerseits das hypermaskuline nationalsozialistische Ideal des harten, seine Emotionen streng kontrollierenden Mannes und damit verbunden die Glorifizierung der Soldatenkameradschaft; andererseits der von Walter verkörperte Gegenentwurf. Er verbindet Mut, Verantwortungsbereitschaft und moralisches Bewusstsein mit den gewöhnlich Frauen zugeschriebenen Eigenschaften Empathie und Fürsorglichkeit.

→ Der Roman verarbeitet ein typisches Motiv der Nachkriegsliteratur – dass Deutschland nach der totalen Niederlage, der Zerstörung seiner Städte und der in seinem Namen begangenen Verbrechen für seine Bewohner ein unbewohnbares, fremdes Land geworden ist.

→ Die grausame Behandlung von Tieren spiegelt die Gewalt unter Menschen wieder. Auch hier ist Walter das Gegenmodell; seine Aura von Sanftmut und Güte im Umgang mit den Rindern erinnern an den Heiligen Franziskus.

→ Der Roman bietet der Hoffnung außerdem Raum in den kurzen Momenten, in denen Figuren abseits des Kriegsgeschehens die Erfahrung von Vollkommenheit machen in der geheimnisvollen Verschmelzung von Mensch und Natur.

Männlichkeit

Das **nationalsozialistische Ideal von Männlichkeit** verlangte Härte, Aggressivität und Heterosexualität. Vom deutschen Mann

3.7 Interpretationsansätze

wurde absolute Opferbereitschaft für die Nation gefordert sowie die Fähigkeit, Emotionen wie Mitgefühl und Zärtlichkeit streng zu kontrollieren. Unter den Bedingungen des Weltkriegs radikalisierte sich dieses Ideal noch einmal, und jeder Ansatz von „Verweichlichung" wurde im Ansatz bekämpft. Im Roman verhindert der Hauptsturmführer Greiff deshalb, dass sein Sohn Jochen hinter der Front „,eine ruhige Kugel schieben'" kann. Er lässt ihn sogar in eine besonders berüchtigte SS-Kampfgruppe versetzen, um ihn abzuhärten (91 f.). Seine größte Sorge ist, dass Jochen ein „Hinterlader" bzw. „Hundertfünfundsiebziger" wird. Es zeigt sich aber, dass diese Maßnahme das Gegenteil bewirkt. Jochen sucht nicht nur Sex mit Männern, sondern entwickelt sich zu einem Nervenwrack, das den Krieg nur mithilfe von Drogen erträgt. Durch den Luftangriff auf ihren Transporter erleidet Jochen einen Nervenzusammenbruch. Hier wird deutlich, dass überkommene Vorstellungen vom heldenhaften Soldaten-Dasein unter den Bedingungen der industrialisierten Kriegsführung im 20. Jahrhundert endgültig haltlos geworden sind. Trauma und Tod können den Einzelnen jederzeit anonym und unvorbereitet treffen.

Absolute Opferbereitschaft

Das Ideal des Mannes war in Deutschland schon seit dem Ersten Weltkrieg eng mit dem Konzept der **Kameradschaft** verbunden. Wie Thomas Kühne erläutert, war Kameradschaft ein „mythisch dimensioniertes Leitbild"[70], dessen Erfolg auf der verbreiteten Sehnsucht nach Geborgenheit und Gemeinschaft in der modernen Massengesellschaft basierte.[71] In den Weltkriegen diente die Kameradschaft auch dazu, die aus Millionen von Menschen unterschiedlichster Herkunft zusammengesetzten Armeen zu einem „Wir" zu verschmelzen, bis sich schließlich sogar die Vorstellung

Sehnsucht nach Geborgenheit in der Massengesellschaft

---

70 Kühne (2006), S. 19.
71 Vgl. ebd., S. 21.

entwickelte, dass wahre Gemeinschaft überhaupt erst durch den Krieg entsteht.[72] Die Rede des Ritterkreuzträgers Frick ist von dieser Glorifizierung der Kameradschaft getränkt: „‚Aber ich hatte keine Angst. Ich wusste, dass ich auf die Treue meiner Kameraden zählen konnte und sie notfalls in die Hölle steigen würden, um mich zu retten. Und so war es, Männer, so wird es immer sein'" (37). Auch der Kommandeur Domberg begründet seine Absage an Walters Gnadengesuch für Fiete mit dessen vermeintlichem Verstoß gegen das Gebot der Kameradschaft (155). Kameradschaft beim Militär wurde auch durch Kollektivstrafen und Gruppendruck erzwungen. Der Roman veranschaulicht dies im Vorfeld von Fietes Exekution, denn sollte jemand danebenschießen, müsste die gesamte Gruppe damit rechnen, sofort auf eine tödliche Mission an die Front geschickt zu werden (170).

Es ist bezeichnend, dass der SS-Mann Frick sich in seiner Rede ausdrücklich an die „Männer" wendet, denn Kameradschaft war eine nur diesem Geschlecht vorbehaltene Einrichtung. Ein Mann definierte sich auch dadurch, dass er nichts Weibliches an sich hatte. Deshalb bleibt ein Soldat wie Fiete mit seinen „zarten Hände(n)" (67) und dem Gesicht „eines eleganten Mädchens" (163), der außerdem Gedichte liest, ein Außenseiter. Schon in der Schule war er von einem Sportlehrer schikaniert worden (69). Später kann er als Deserteur auf noch weniger Milde hoffen als andere.

Das Männerbündische (male bonding) wird durch starken Alkoholgenuss gestärkt und indem man gemeinsam Frauen verächtlich macht. Das Ideal des Kameraden beinhaltet die Überzeugung, dass die Gesellschaft von Männern der von Frauen auf jeden Fall vorzu-

---

72 Vgl. ebd., S. 32. Der Verfasser dieses Erläuterungsbandes hatte früher selbst einen älteren Herrn als Nachbarn, der ihm einmal sagte: „Wir hatten früher eine Kameradschaft im Krieg, die ihr niemals kennen werdet. Die war aus Blut und Eisen geschmiedet."

3.7 Interpretationsansätze

ziehen ist. In dem enthemmten Zustand in der Endphase des Krieges treten die verborgenen homoerotischen Wünsche dahinter oft deutlich zutage wie in der Äußerung eines Fallschirmjägers über den rothaarigen August Klander: „‚Schade, dass der kein Mädchen ist, oder?'" […] „‚Wie heißt es so schön: Rostiges Dach, feuchter Keller.'" (77).

Walter verfügt auch über Energien, die landläufig für männlich gehalten werden, welche bei der SS aber unwillkommen sind. Eigeninitiative und moralisches Bewusstsein bestimmen sein Handeln, nicht blinder Gehorsam und zu hohlen Phrasen erstarrte Formeln wie „Meine Ehre heißt Treue". Außerdem reichert Walter seine Persönlichkeit mit den gewöhnlich Frauen zugeschriebenen Eigenschaften Empathie, Liebesfähigkeit und Fürsorglichkeit an. Die Maxime „‚Außerdem haben Soldaten keine Freunde, sie haben Kameraden'" (116) akzeptiert er nicht. Freundschaft bewertet er höher als Kameradschaft.

Walter als Gegenentwurf zum Männlichkeitsideal der SS

Walter liefert somit den Gegenentwurf, an dem sich andere Männer in dem Roman messen müssen. Auch Fiete, der sich von seinen spontanen Impulsen und von Ängsten leiten lässt. Das Stadium des erwachsenen Mannes hat er nicht erreicht. Domberg, der das Männlichkeitsideal der SS propagiert, wirkt selbst unmännlich, denn er neigt zu Eitelkeit und Besserwisserei, zur Naschhaftigkeit, auch zum Zynismus und zum hinterhältigen Angriff (149 ff.).

Fremde Heimat

Der Roman greift ein verbreitetes Motiv der Literatur in den Jahren nach dem Zweiten Weltkrieg auf: dass die Deutschen sich nach den Erfahrungen von Krieg, massenhaftem Tod, in Trümmern liegenden Städten, Vertreibung, totaler Niederlage, Scham über die im Namen Deutschlands begangenen Verbrechen nicht mehr in dem Land heimisch fühlen. Das Land war unbewohnbar und fremd ge-

Dtl. nach dem II. WK: unbewohnbar und fremd

3.7 Interpretationsansätze

worden. **Die Vergangenheit bot keinen Halt mehr, die Zukunft noch nicht.** Gemeinsame Werte und Ziele mussten sich erst wieder neu herausbilden. Im Jahr 1962 stellte Heinrich Böll fest, „dass es in der deutschen Nachkriegsliteratur kaum Schilderungen von Sesshaftigkeit, kaum ein Buch gibt, in dem Nachbarschaft, Heimat als vorausgesetzt gelten können."[73]

Verdrängung, Schweigen, gegenseitiges Misstrauen

Auch für Walter ist Deutschland ein Ort geworden, an dem er schwer wieder sesshaft werden kann. Mitten in einer Daseinskrise kehrt er aus dem Krieg in ein verwüstetes Land zurück, in dem er nirgends willkommen ist. Verdrängung, Schweigen und gegenseitiges Misstrauen sind Verhaltensmuster, denen er in München und anderswo begegnet. Auch seine Geburtsstadt Essen fühlt sich fremd an, und seiner Mutter ist sein Besuch sichtlich lästig (197 f.). Auf dem Gut in Schleswig-Holstein, das für ihn zur Heimat geworden war, kann er ebenfalls nicht bleiben. Bei seinem Besuch hat es sich bereits unwiederbringlich verändert. Zwar hat er noch ein Angebot, als Melker auf einem anderen Gut für ein paar Jahre tätig zu werden, aber die endgültige Ablösung der traditionellen Handarbeit durch Maschinen in der Landwirtschaft ist nicht aufzuhalten (226 f.). Das bedeutet den nur verzögerten Abschied von der Lebensweise, die er liebt und die seinem Wesen entspricht. Die Kenntnisse und Fertigkeiten, auf die er stolz ist, verlieren ihren Wert: „,Die ganze Büffelei für nichts'" (206). Als einzige Zuflucht bleibt ihm Elisabeth, eine andere heimatlos Gewordene. Als er sie in Kiel wiedertrifft, hat sie dort notdürftig Wurzeln geschlagen, deren Nachhaltigkeit allerdings zweifelhaft ist. Sie arbeitet als Kellnerin in einem „,Marine-Bums'" (207) auf der Schwelle zur Gelegenheitsprostitution (vgl. 212, 216).

---

73 Böll, Heinrich: Köln: *Kölner Ausgabe*, Band 14 (1963–1965), hrsg. v. Jochen Schuber, Kiepenheuer & Witsch, 2002, S. 163.

3.7 Interpretationsansätze

Beide Figuren fühlen sich fremd im Land, aber sie wirken auch selbst fremd auf die Menschen, denen sie begegnen. Sie integrieren unbewusst Versatzstücke nicht-deutscher Kultur in ihr Selbst, die sie von der NS-Gesellschaft entfernen. Es sind Ansätze von Widerstand gegen alles, was ihr früheres Leben zerstört hat. Elisabeth, die schon äußerlich nicht dem Muster der fügsamen, blonden Arierin entspricht, kultiviert das Image der exotischen „Zigeunerin" und benutzt nach dem Krieg bezeichnenderweise das englische „Gypsy-Queen" (217) dafür. Walter reist in der amerikanischen Uniform durch Deutschland, die ihm im Gefangenenlager geschenkt wurde. Mit dem „,Ami-Zeug'" (186) zieht er argwöhnische Blicke auf sich. Für ihn selbst repräsentiert die Uniform aber eine Erfahrung mit einer anderen Kultur, die ihn positiv überrascht hat: Die Amerikaner erwiesen sich als großzügig und entspannt. Die USA sind außerdem die treibende Kraft der heraufziehenden Modernisierung. Elisabeth ist freudig erstaunt, dass die Uniformhose einen „,echten Reißverschluss'" hat, ahnt aber auch: „,In Amerika hat man's immer eilig, oder?'" (217 f.). Die Jerry-Cotton-Hefte (9), welche die Vaterfigur in Ralf Rothmanns Familienepos im späteren Leben unweigerlich liest (in der Erzählung *Geronimo* sind es Wildwestromane), sind ein Beleg dafür, wie stark er das **kulturell Fremde verinnerlicht** hat, wodurch er eine allgemeine Tendenz der Gesellschaft der Bundesrepublik widerspiegelt.

Im Frühling sterben bringt zum Ausdruck, dass die Heimatlosigkeit als Folge der NS-Herrschaft und des Zweiten Weltkriegs in Deutschland noch bis heute nachwirkt. Auch Walters Sohn hat **das Gefühl, fremd im Leben zu sein,** nie verloren. Es ist Teil des Traumas, das von der Generation der Eltern auf ihn übergegangen ist. Der Erzähler lässt am Ende Franz Schuberts Lied mit der Zeile „Fremd bin ich eingezogen, / Fremd zieh ich wieder aus" anklingen, bevor er fünfundzwanzig Jahre nach dem Tod des Vaters im Jahr

Walter und Elisabeth: Identifikation mit nicht-deutscher Kultur

Nachwirkung des Gefühls von Heimatlosigkeit bis heute

3.7 Interpretationsansätze

2013 auf dem Friedhof vergeblich nach dem Grab der Eltern sucht. In einer Zeit, als der Weltkrieg noch nicht lange zurücklag, definierte Heinrich Böll, der selbst sechs Jahre Soldat in der Wehrmacht war, sein Ziel als Schriftsteller als „die Suche nach einer bewohnbaren Sprache in einem bewohnbaren Land"[74]. Dies scheint selbst heute noch für viele Nachkommen der Kriegsteilnehmer nötig zu sein; Ralf Rothmanns fortgesetztes Schreiben über seine familiären Wurzeln ist ein Versuch, die Welt für sich und andere bewohnbar zu machen.

Wiederverzauberung der Welt

Das Lebensgefühl der modernen Welt

Max Webers Formel von der „Entzauberung der Welt" ist eines der bekanntesten Bilder zum Lebensgefühl in der modernen Welt. Der berühmte Soziologe (1864–1920) war fasziniert von dem Siegeszug der Wissenschaft, die im Verein mit der kapitalistischen Wirtschaftsform zur unaufhaltsamen Rationalisierung, Bürokratisierung und Technisierung aller Gesellschaftsbereiche geführt hatte. Es schien eigentlich keine Fragen mehr zu geben, die sich dem wissenschaftlichen Zugriff entziehen. In seinem Vortrag *Wissenschaft als Beruf* von 1917 zeigte er eine gravierende Folge dieser Haltung auf, nämlich „dass es also prinzipiell keine geheimnisvollen unberechenbaren Mächte gebe, die da hineinspielen, dass man vielmehr alle Dinge – im Prinzip – durch Berechnen beherrschen könne. Das aber bedeutet: **die Entzauberung der Welt**."[75] Die Moderne hatte den Menschen nicht nur den Gedanken an Hexen und Dämonen ausgetrieben, sondern Skepsis gegen jegliche Form des Glaubens an

---

74 Ebd., S. 159.
75 Weber, Max: *Wissenschaft als Beruf*. In: Ders.: *Schriften* 1894–1922. Ausgewählt v. Dirk Kaesler, Stuttgart 2002, hier S. 488.

3.7 Interpretationsansätze

Jenseitiges erzeugt. Weber kritisierte dabei den Sinnverlust, die Zwänge und die emotionale Kälte, die das moderne Leben mit sich bringen; der alles berechnende Kapitalismus stecke den Menschen in ein „stahlhartes Gehäuse"wie in eine Zwangsjacke.

Seit der Romantik gibt es in Kunst, Musik und Literatur immer neue Versuche, das „stahlharte Gehäuse" zu durchbrechen. Auch für Ralf Rothmann ist der Wunsch, **die Welt durch Sprache erneut zu verzaubern**, ein entscheidender Antrieb. In der Erzählung *Der Dicke Schmitt* lässt er die angehende Religionsstudentin Franziska einen Satz sagen, der programmatisch für seine eigene Werke ist: „,[…] natürlich will ich rauskriegen, ob das Leben nicht wunderbarer ist, als wir erkennen können, ob es trotz Tod, Schmerz, Elend und dem ganzen Mist womöglich einen Heiligenschein hat.'"[76] Mehr „Tod, Schmerz und Elend" als im Weltkrieg ist allerdings nicht vorstellbar. Außerdem stößt der Wunsch nach metaphysischer Sinnstiftung unter der NS-Herrschaft auf zusätzlichen Widerstand. Der Ritterkreuzträger Frick wendet sich gegen das „,Kanzelgeschwätz dünnblütiger Moralapostel'" (36), also gegen jede moralische und religiöse Grundlage seines Handelns. In dem besonders radikalnationalistischen Umfeld herrschte außerdem ein Kult der Gewalt; humanistische Gedanken trafen hier auf Verachtung.[77] Das erlebt Walter, als er die Fallschirmjäger bei der Mühle nicht von der Ermordung der Bewohner abhalten kann und als er beim Kommandeur Domberg um Schonung für Fiete bittet.

Tatsächlich eröffnet sich dem Wunderbaren in *Im Frühling sterben* immer wieder ein Raum, ganz auffällig in den überraschenden **Momenten von Liebe und Intimität**: am Sterbebett Walter Urbans, in Fietes Todeszelle; auch in den erotischen Begegnungen von

Kein Platz für metaphysische Sinnstiftung unter der NS-Herrschaft

---

76 Rothmann: *Hotel der Schlaflosen* (2020), S. 80.
77 Vgl. Kühne (2006), S. 44 f.

3.7 Interpretationsansätze

Walter und Elisabeth, selbst wenn am Ende das Schweigen über ihre Kriegserlebnisse einen Schatten darüber wirft. Weiterhin gibt es die für Rothmanns Literatur typischen Passagen, die Anja Maria Richter „Spiegelungen" nennt und „Vexierbilder hinter den Geschehnissen des Alltags": Sie vermitteln „eine Ahnung von einer Welt, die sich spiegelbildlich hinter der beschriebenen befindet"[78]. Ursula März erkennt in ähnlichen Passagen „Übergänge [...] zwischen der Sphäre des Stofflichen und der Sphäre des Spirituellen"[79]. In diesem Roman findet ein solcher Übergang zum Beispiel statt, als Walter die Nacht in einer fensterlosen Hütte verbringt:

> „Dann spuckte er sie [die Traubenreste] aus, verschränkte die Hände im Nacken und blickte auf die pelzigen Salpeter-Ausblühungen an der Wand, die im Mondschein wie Bilder von Menschen hervortraten. Sie glichen denen, die er manchmal bei geschlossenen Augen sah, eine rasch über die Netzhaut gleitende Abfolge von Gesichtern, ihren Schemen nur, alle bekannt und fremd zugleich." (135).

Geheimnisvolle Verschmelzung von Mensch und Natur

Indem durch die Tätigkeit der Fantasie die Dinge momentweise ins Fließen kommen, erlebt Walter eine geheimnisvolle Verschmelzung von Mensch und Natur, schaut das Unendliche im Endlichen. Im magischen **Licht** des Mondes verbinden sich die Teile von Walters zerfallener Welt zu einem Ganzen. Diese **Erfahrung der Vollkommenheit** offenbart sich in einem Augenblick der „Stille, die noch zunahm, wenn man sie bemerkte" (135). In der Abwesenheit von Geräuschen gelangt der Mensch zu meditativer Ruhe und Gelas-

---

78 Richter (2010), S. 145.
79 März (2006), S. 18 f. Auszüge aus diesem Text befinden sich in Kap. 5, S. 129 f.

3.7 Interpretationsansätze

senheit. In Rothmanns Rede zum Max Frisch-Preis heißt es: „In der
Stille artikuliert sich das Unaussprechliche".[80]

Auch in der Gegenwart von Tieren erfährt jemand mit den richtigen Antennen Vollkommenheit. Ein Tier kann bei Rothmann „wie
ein Wasserzeichen an der Wand"[81] und „eine urzeitliche Hierogly-
phe"[82] sein, eine Schrift, die man lesen muss, um den göttlichen
Funken zu spüren. **Im Tier** findet sich die **Erinnerung an das Para-
dies**, als der Mensch noch im vorbewussten Zustand in Harmonie
mit der Natur lebte. Der Roman bringt zum Ausdruck, wie sehr
die moderne Zivilisation sich von den Tieren entfremdet und die
Einheit der Schöpfung aufgegeben hat. Diese werden als Nutzvieh
gehalten. Die Steppenrinder in Totis hat man verstümmelt durch
Kupieren ihrer armlangen Hörner (107). Nach dem Krieg wird die
effiziente Massenhaltung ohne Rücksicht auf das Tierwohl perfek-
tioniert (204 ff.). Walters Vater war sogar ein Tierquäler; er hat
„‚gerne Tauben massakriert auf seine spezielle Art'" (76).

Sein Sohn ist das Gegenteil. Walter erfasst intuitiv die Bedürfnisse der Rinder, für die er verantwortlich ist, und sie spüren seine
Aura von **Sanftmut und Güte**: „Er pfiff leise, ein lockender Ton, wo-
raufhin einige an das Gatter kamen, sich die Blessen kraulen ließen
und an seinem Daumen saugten" (15). In der sakralen Umgebung,
in welcher er sich in Totis nicht schont und die beim Bombenangriff
in der Kirche zurückgelassenen, durstenden Rinder versorgt, wirkt
er wie ein Heiliger. Er erinnert an **Franz von Assisi**, dem ebenfalls
ein besonderes Verhältnis zu den Tieren nachgesagt wird.

Walter als
Gegenmodell
zu Gewalt

Die letzten Jahrzehnte seines Lebens verbringt Walter Urban im
Ruhrgebiet, wo er dreißig Jahre lang als Hauer in einer Kohlenzeche

---

80 Rothmann: *Lob der Stille*, S. 43.
81 Rothmann: *Junges Licht*, S. 237.
82 Rothmann: *Feuer brennt nicht*, S. 101.

3.7 Interpretationsansätze

arbeitet und naturgemäß wenig Kontakt zu Tieren hat. Näheres erfährt man dazu in *Im Frühling sterben* nicht. Der kundige Leser des gesamten autofiktionalen Schreibprojekts weiß aber um die hohe Bedeutung, die der **Bergbau** darin hat. Unter Tage finden die Männer trotz der harten Arbeit zu sich selbst.[83] Hier erleben einige von ihnen **erlösende Momente feierlicher, meditativer Stille**. So stößt der Bergmann in *Junges Licht* beim Aufstemmen des Gesteins im Kohlenflöz auf das zerbrechliche Fossil eines urzeitlichen Vogels: eine unvermittelte Anmutung des Ewigen. Selbst wenn der plötzliche Kontakt mit Sauerstoff den fossilen Vogel schnell zu Staub zerfallen lässt, so hatte der Bergmann

> „doch einen Moment lang [...] etwas von der Kontur gefühlt, den zarten Krallen, und einen leisen Schreck bekommen – ähnlich dem, der einen durchfährt, wenn man mit den Fingerspitzen über die Rückseite eines Briefes streicht und dabei noch die Hand, ihren Druck, eines längst Verstorbenen fühlt"[84].

Das Bergbau-Motiv verweist auf eine Nähe Rothmanns zur Literatur der Romantik. Die Autoren Novalis, E.T.A. Hoffmann und Ludwig Tieck meinten gerade im Erdinneren die rätselhaften und verborgenen Beziehungen zwischen Mensch und Natur entziffern zu können. Man darf voraussetzen, dass der schwer traumatisierte Walter in der **Abgeschiedenheit** tief unter der Erde zu einem Maß an **Gelassenheit** findet, das ihn das Leben ertragen lässt. Abgeschiedenheit und Gelassenheit sind herausragende Tugenden für den mittelalterlichen Mystiker Meister Eckhart, dessen Spuren ebenfalls in Rothmanns Werken zu finden sind.[85]

---

83 Näheres dazu erläutert Richter (2010), S. 149–155.
84 *Rothmann: Junges Licht*, S. 47 f.
85 Vgl. Richter (2010), S. 155 ff.

4. REZEPTIONSGESCHICHTE

ZUSAMMEN-FASSUNG

→ Der Roman erlebte einen beachtlichen Verkaufserfolg und erschloss Ralf Rothmann neue Leserschichten: Angehörige der ersten Nachkriegsgeneration erkannten in dem Buch eigene unbewältigte Probleme wieder.

→ Bei der Literaturkritik waren die Reaktionen überwiegend sehr positiv. Einige Rezensenten meinten allerdings, eine „Mystifizierung" (Verschleierung) der Schuld und Verantwortung deutscher Kriegsteilnehmer in dem Roman zu finden.

→ Andere Stimmen fanden den „antiödipalen Gestus" bemerkenswert, also das Bemühen, die Väter, die im Krieg gewesen waren, zu verstehen, statt pauschal mit ihnen abzurechnen.

Als *Im Frühling sterben* 2015 erschien, traf der Roman auf überwiegend positive, teilweise sogar enthusiastische Reaktionen sowohl bei den Literaturkritikern als auch beim Lesepublikum. Ralf Rothmann war zu diesem Zeitpunkt bereits seit 25 Jahren als Autor etabliert, aber erst mit diesem Buch wurde sein Name einer breiten Öffentlichkeit bekannt. Es stand insgesamt sechzehn Wochen auf der Spiegel-Bestsellerliste für Hardcover Belletristik und gelangte dort bis auf Rang 3.[86] Zahlreiche Übersetzungen in andere Sprachen machten es zu einem internationalen Erfolg.

Positive Aufnahme bei Kritik und Lesern

Auf seinen Lesereisen stellte der Autor fest, dass er sich damit eine neue Art von Publikum erschlossen hatte:

---

[86] Vgl. https://www.buchreport.de/news/rueckkehr-in-den-krieg/; 16. 05. 2018 (Stand: Mai 2021).

„Ich hatte Lesungen, da war mein Publikum jung bis mittelalt, unter mittelalt verstehe ich so bis Mitte fünfzig. Und plötzlich bei diesen Lesungen waren auch sehr viel ältere Menschen dabei. Und ich habe dann schnell gemerkt, dass ich von Umständen erzähle, die alle so ähnlich erlebt haben, denn die Generation meiner Eltern hat ja über den Krieg nicht gesprochen. Die haben alle geschwiegen. Und nachdem ich davon gelesen habe, kam dann ganz oft die Reaktion: „Ach, jetzt verstehe ich das Schweigen meines Vaters.'"[87]

Das Schweigen der Kriegsgeneration wird von den Nachkommen besser verstanden

Die neuen Leser, Angehörige der ersten Nachkriegsgeneration, vernahmen in Rothmann eine Stimme, von der sie sich verstanden fühlten. Die Debatte über deutsche Kriegsleiden fand hier einen literarischen Ausdruck und half vielen bei der Bewältigung von Problemen, die sie ein Leben lang belastet hatten.

Diskurs über generationenübergreifende Kriegstraumata

In der überregionalen Presse überwog das Lob. Stellvertretend sei hier auf Wolfgang Schneiders Rezension im *Tagesspiegel* hingewiesen. Schneider hebt **„Rothmanns Kunst der prägnanten, atmosphärischen Beschreibung"** und die „krassen, todtraurigen Bilder" hervor[88]. Es gelinge dem Autor, selbst dem durch viele Filme und Bücher mit dem „Kriegsgrauen" längst vertrauten Leser noch „Schockmomente" zu vermitteln. Der Kritiker weist auch darauf hin, dass Ralf Rothmann mit diesem Roman sein thematisches Spektrum erweitert und sich in aktuelle Diskurse eingemischt habe, vor allem in jene über generationenübergreifende Kriegstraumata. Berührt hat ihn die Melancholie, die sich durch Walter Urbans Leben nach dem Krieg zieht: „Sie imprägniert auch das Werk Rothmanns, eines der gewichtigsten der deutschen Gegenwartsliteratur".

---

87 Rothmann: „Literatur darf auch rühren! Im Gespräch mit Karsten Otte". Minute 19:00.
88 Schneider (2015).

Allerdings gab es ebenfalls kritische Stimmen. So wurde gelegentlich bemängelt, Rothmann habe sich bei der Darstellung der Waffen-SS an allzu bekannten Vorbildern wie Jonathan Littells Roman *Die Wohlgesinnten* und Quentin Tarantinos Spielfilm *Inglourious Basterds* orientiert. „**SS-Offiziere als dämonische Intellektuelle**" zu präsentieren, wie bei dem Kommandanten Domberg geschehen, sei fast schon Pflicht heutzutage, schreibt Wolfgang Schneider. Er findet es jedoch verzeihlich, „weil das Thema Kriegsende mittlerweile so ikonisch bebildert ist, dass jeder Erzähler unweigerlich – oder gezielt – aus diesem Arsenal schöpft."[89]

Einige Kritiker werfen Rothmann vor, dass er sich wiederhole und die Beschreibung grausamer Szenen oder die Verwendung von Tiermotiven auf die Dauer ermüde. Christoph Schreiner schreibt in der *Saarbrücker Zeitung*: „Denn so sehr das Buch in seiner genauen, radikalen Vergegenwärtigung des Krieges brillant ist, so sehr nutzen sich seine geradlinige Erzählhaltung und Beschreibungsartistik ab. **Das routinierte Abrufen von Szenen** macht Rothmann zum Kopisten eigener Originalität."[90] An dieser Rezension bewahrheitet sich, was Christian Wolbring schon 2011 schrieb, dass nämlich manchen Rezensenten die in der Tiefenstruktur verborgenen Sinnangebote der Rothmannschen Erzählkunst vollständig entgehen.[91]

Schreiner erklärt außerdem, dass die Schuldfrage das „Kernmotiv" des Romans sei, wofür eigentlich wenig spricht. Diese These steht aber auch im Hintergrund der Kritik von Roman Bucheli in der *Neuen Zürcher Zeitung*, die wegen ihrer Heftigkeit Aufsehen erregte. Bucheli gelangt zu dem Fazit, dass **„die Mystifizierung der Schuld"** und „die entlastende Wohltat der Metaphysik" bei Roth-

Kritische
Stimmen

Die Schuldfrage

---

89 Ebd.
90 Schreiner (2015).
91 Vgl. Wolbring (2011), S. 198.

mann lediglich dazu dienen würden, der ernsthaften moralischen Auseinandersetzung über die Verantwortung des deutschen Landsers im Krieg auszuweichen. Er bescheinigt Rothmann somit eine Haltung, die man als exkulpatorisch bezeichnet. Weiterhin stört es den Verfasser, dass Rothmann der Hölle des Krieges eine Ebene mystischer Schönheit entgegensetzt. Er findet nur lauter Beispiele „schauderhaften Kitsches" vor, vermischt mit einem „durch keine Zweifel erschütterten Darstellungsrealismus".[92]

Dass man die Erzählweise Rothmanns auch ganz anders beurteilen kann, zeigen u. a. die Rezensionen von Christian Thomas in der *Frankfurter Rundschau* und von Ina Hartwig in *Die Zeit*.[93] Beide stellen fest, dass Kriegsliteratur der „ästhetischen Gestaltung" (Thomas) bzw. der „ästhetischen Haltung" (Hartwig) bedürfe, sich also nicht in naturalistischen Beschreibungen des Schreckens erschöpfen sollte. Bei Hartwig heißt es: „Entscheidend dürfte die subjektive, vielleicht sogar die poetische Wahrheit sein". Diese Autorin findet im Übrigen nicht, dass die Schuldfrage mystifiziert worden sei. Vielmehr ist für sie

„Kann man überhaupt unschuldig schuldig werden?"

„der antiödipale Gestus, vielleicht die eigentliche Überraschung des Romans. Denn hier wird nicht mehr abgerechnet mit dem Vater, dessen Schweigen doch so bedrückend gewesen sein muss für den Sohn. Hier versucht einer unserer besten Erzähler mit allen Mitteln seiner Kunst, den Vater zu verstehen (stellvertretend: die Vatergeneration). Und stößt dabei, nicht ohne eigenes Risiko, ins Zentrum der Frage, die da lautet: Kann man überhaupt unschuldig schuldig werden?"[94]

---

92 Bucheli (2015).
93 Thomas (2015) und Hartwig (2015).
94 Hartwig (2015).

Die Germanistin Alexandra Pontzen befindet in ihrem psychoana-
lytisch fundierten Aufsatz über den Roman allerdings auch, dass
Fragen von individueller Schuld zurücktreten. Hier geht es aber
nicht darum, dem Autor zu unterstellen, er wolle Fragen der Verantwortung vernebeln. Vielmehr sieht sie in dem Roman den literarischen Ausdruck von psychischen Bedürfnissen, wie sie bei Kindern
und Enkeln von Teilnehmern des Weltkriegs verbreitet sind. **Diese
Menschen möchten ihre eigene Verletzlichkeit anerkannt wissen, ohne ihre Eltern/Großeltern dafür anzuklagen zu müssen.**[95]
Bei Rothmann komme dies folgendermaßen zum Ausdruck: „Im
Vordergrund steht die psychische Vulnerabilität des Einzelnen, der
sich gegen seine Schädigung durch äußere Mächte so wenig wehren kann wie dagegen, diese Schädigung (ohne sein Wissen) an die
Folgegeneration weiterzugeben, und das so unwissend wie unwil-
lentlich."[96]

Insgesamt dürfte die Debatte über *Im Frühling sterben* noch am
Anfang stehen, zumal man inzwischen weiß, dass es sich um den
ersten Teil einer noch nicht vollendeten Romantrilogie handelt. Die
spannenden ethischen Problemstellungen, die subtile und kom-
plexe Erzählweise, die Einbindung in den umfassenden familiären
Erzählkosmos Rothmanns wurden überhaupt erst in Ansätzen erforscht.

Darstellung
psychischer
Bedürfnisse
der Nachkriegs-
generation

---

95 Vgl. Pontzen (2016), S. 546.
96 Ebd., S. 540.

5. MATERIALIEN

Günter Eich: *Die Häherfeder* und *Tage mit Häher*

Günter Eich (1907–1972) schrieb die motivgleichen Gedichte *Die Häherfeder* und *Tage mit Häher*[97] in einem Abstand von sechs Jahren.

Die Häherfeder (1948)

Ich bin, wo der Eichelhäher
zwischen den Zweigen streicht,
einem Geheimnis näher,
das nicht ins Bewusstsein reicht.

5 Es presst mir Herz und Lunge,
nimmt jäh mir den Atem fort,
es liegt mir auf der Zunge,
doch gibt es dafür kein Wort.

Ich weiß nicht, welches der Dinge
10 oder ob es der Wind enthält.
Das Rauschen der Vogelschwinge,
begreift es den Sinn der Welt?

Der Häher warf seine blaue
Feder in den Sand.
15 Sie liegt wie eine schlaue
Antwort in meiner Hand.

---

97 *Tage mit Häher, Die Häherfeder*, aus: Günter Eich, Gesammelte Werke in vier Bänden. Band 1: Die Gedichte. Die Maulwürfe. Herausgegeben von Axel Vieregg. © Suhrkamp Verlag Frankfurt am Main 1991. Alle Rechte bei und vorbehalten durch Suhrkamp Verlag Berlin.

Tage mit Häher (1954)

Der Häher wirft mir
die blaue Feder nicht zu.

In der Morgendämmerung kollern
die Eicheln seiner Schreie.
5 Ein bitteres Mehl, die Speise
des ganzen Tags.

Hinter dem roten Laub
hackt er mit hartem Schnabel
tagsüber die Nacht
10 aus Ästen und Baumfrüchten,
ein Tuch, das er über mich zieht.

Sein Flug gleicht dem Herzschlag.
Wo schläft er aber
und wem gleicht sein Schlaf?
15 Ungesehen liegt in der Finsternis
die Feder vor meinem Schuh.

Das Trauma vom Erschossen-Werden

Ralf Rothmann: *Ich habe einen Traum.* „Meine Frau und ich wurden
überfallen – eine Albtraumsituation"[98]

„Seit der Pubertät habe ich zwei- bis dreimal im Jahr geträumt,
dass ich erschossen werde. Manchmal wurde ich mit vielen anderen
vor ein Exekutionskommando gestellt, manchmal war ich allein in

––––

98 Rothmann: *Ich habe einen Traum.*

einem kellerartigen Verlies. Das Gefühl dabei war unterschiedlich: Oft wurde ich vor Entsetzen wach, dann wieder empfand ich den Schuss als Wohltat, wie einen Schnaps an einem eisigen Tag.

Ein befreundeter Psychologe sagte mir mal, dass es eine Traumavererbung von Generation zu Generation gebe und dass mein Traum möglicherweise mit den Kriegserlebnissen meines Vaters zusammenhänge. Dabei hat der selten von jener Zeit gesprochen, und wenn, brachen die Erzählungen immer wieder plötzlich ab, und es folgte ein Schweigen, das sogar von uns Kindern als vielsagendes empfunden wurde. Erst spät habe ich erfahren, dass meine Mutter auf der Flucht aus Westpreußen von russischen Soldaten vergewaltigt wurde. Vielleicht war sie deshalb eine so hartherzige Frau. Ihre Erziehung bestand darin, meinen Bruder und mich aus dem Haus zu schicken und zu prügeln, wenn wir schmutzig zurückkamen.

Ich bin im Ruhrgebiet in beengten Verhältnissen aufgewachsen, und als Junge habe ich von der großen Freiheit der Indianer geträumt. Cowboys habe ich verachtet, die ballerten einfach nur los, während die Indianer die Anarchisten waren, die Feinfühligeren, die Fährten lesen konnten. Ich habe das mit so einer Mustang-Freiheit assoziiert: auf dem Pferd sitzen und in die endlose Weite reiten. Im Ruhrgebiet stieß man damals ja immer an irgendeine Kohlenhalde oder an einen Zechenzaun. In der Verfilmung meines Romans *Junges Licht* ersteht diese Kindheitswelt wieder auf. Als ich den Film zum ersten Mal sah, hatte ich das Gefühl, mir selbst aus einem Traum entgegenzukommen: Der Junge, der die Hauptrolle spielt, sieht genauso aus wie ich damals. Und gleichzeitig wusste ich: Ich, der Schriftsteller, bin der Traum dieses Jungen, der beginnt, sich für Sprache und Gedichte zu interessieren, und sich nach Freiheit sehnt.

Vor einiger Zeit, vor drei Jahren etwa, wurden meine Frau und ich hier in Berlin-Frohnau überfallen, von einem maskierten Mann mit Pistole. Eine Albtraumsituation, die mir denn auch gar nicht real erschien. Wir hatten keine Angst, gerieten nicht in Panik; wir waren ganz ungläubiges Staunen, und erst als der Mann die Waffe gezielt auf den Kopf meiner Frau richtete und erneut Geld verlangte, dachte ich: Halt, du muss jetzt aufwachen! Du bist nur einen Herzschlag von der Katastrophe entfernt! Und rasch zog ich meine Brieftasche. Ich war aber trotzdem noch nicht richtig in der Realität angekommen, was man daran erkennt, dass ich den Mann allen Ernstes fragte: ‚Wie viel brauchen Sie denn?'

Seitdem habe ich nie mehr geträumt, erschossen zu werden. Vielleicht, weil ich an dem Tag zum ersten Mal leibhaftig in die Mündung einer Pistole geschaut habe. Aber eigentlich kann und will ich mir nicht erklären, warum das so ist."

Max Frisch-Preis für Ralf Rothmann: Auszug aus der Laudatio

Als Ralf Rothmann im Jahr 2006 den Max Frisch-Preis der Stadt Zürich entgegennahm, hielt die Literaturkritikerin und Schriftstellerin Ursula März die Laudatio. Der folgende Text ist ein Auszug aus dieser Lobrede. [99]

„[...] All diese Bücher Ralf Rothmanns eröffnen uns ein einzigartiges Archiv der Sozial- und Kulturgeschichte der Bundesrepublik. All diese Bücher erzählen von den Dramen, Konflikten, Ausreißerabenteuern der gefangenen Unreife. Bei 99 anderen Schriftstellern hätte dieses Thema – hätten die Wachstumsschmerzen der Reifung, der lebensgeschichtlichen Vorläufigkeit und des Übergangs – die Symbolik der Zerrissenheit im Schlepptau. Bei Ralf Rothmann nicht. Die Zeichen der Metamorphose, die wir in jedem seiner Bücher, ja

Zeichen der Metamorphose in allen Büchern Rothmanns

---

99   März (2006), S. 16–19.

auf jeder Buchseite und in nahezu jeder Beschreibung finden, diese
Zeichen laufen bei ihm in letzter Instanz auf die Idee der Ganzheit
hinaus. Diese Idee – und das ist ein Hauptmerkmal der Literatur
Ralf Rothmanns – geben seine Texte auch dann nicht auf, wenn
es in den Geschichten um die enttäuschenden Seiten der Realität,
um Desillusionierung geht. Seit der ersten Publikation, seit dem
Gedichtband *Kratzer*, der vor zwei Jahrzehnten erschien, wird Ralf

Poetisches Vorhaben: Vermischung der Welt des Dunklen mit ihrer Gegenwelt

Rothmanns Arbeit – so denke ich – in erster Linie von einem poetischen Vorhaben inspiriert: dem Versuch, die Welt des Stählernen,
Steinernen und Dunklen, die Welt der harten Worte, harten Lebensläufe und harten Verhaltensweisen zu vermischen mit ihrer
Gegenwelt. Mit Transparenz, Gewichtslosigkeit und Stille. Mit Vogelfedern, Windgeräuschen, dem Erscheinen der substanzlosesten
aller Wesen, den Engeln, und, vor allem, mit den unendlichen Formen des Lichts. Ohne es statistisch beweisen zu können, glaube ich,
dass es bei kaum einem anderen Schriftsteller so viele Lampen gibt,
die an- und ausgeschaltet werden; schon in den ersten Gedichten,
im Band *Kratzer*, heißt es: ‚Zwischen zwei Lichtschaltern wird es
plötzlich dunkel' – so viele Lichter und Lichtquellen, so viele plötzliche Wechsel oder langsame Übergänge des Lichts. Und in jedem
dieser Übergänge, zwischen dunkel und hell, zwischen steinern und
staubig, zwischen fest, flüssig und verdunstet, kurzum: zwischen
der Sphäre des Stofflichen und der Sphäre des Spirituellen, finden
wir einen Hinweis auf das Wichtigste, was es über uns zu sagen
gibt: dass unsere Gestalt und unser Hiersein nicht von Dauer, dass
wir das sind, was im letzten Satz des Romans *Milch und Kohle* ein
buddhistischer Mönch zu einem westlichen Besucher sagt, ‚Staub,
der einen Besuch abstattet'. […]"

6. PRÜFUNGSAUFGABEN MIT MUSTERLÖSUNGEN

Unter www.königserläuterungen.de/download finden Sie im Internet zwei weitere Aufgaben mit Musterlösungen.

Die Zahl der Sternchen bezeichnet das Anforderungsniveau der jeweiligen Aufgabe.

Aufgabe 1 *

Ordnen Sie die Figur der Leni in den Romanzusammenhang ein. Beachten Sie dabei folgende Textpassagen: 47, 72 f., 75, 177 f., 192–198, 229 f.

Mögliche Lösung in knapper Fassung:

CHARAKTERI-SIERUNG

Helene, auch Leni genannt, ist Walter Urbans Schwester, die im Winter 1944/45 zwölf geworden ist. Sie ist das einzige Mitglied seiner Familie, zu der Walter ein enges und vertrauensvolles Verhältnis hat. Leni lebt bei ihrer Mutter und deren Liebhaber Herbert in Essen. Bei Herbert muss sie sich wie schon bei ihrem Vater gegen sexuelle Übergriffe wehren. Weil sie lungenkrank ist, hat Leni viel Zeit im Krankenhaus verbracht (75).

Obwohl sie eine Nebenfigur bleibt, hat sie wichtige Funktionen. Leni
→ verkörpert das Leid der Kinder im Krieg: Das Haus der Familie wird durch Bomben zerstört (47); ihr Vater fällt an der Front; der kleine Micky Berg, ihr Freund, stirbt bei einem Bombenangriff (194); im Haus des Begräbnisunternehmers Herbert am Friedhof wird sie zusätzlich mit dem Tod konfrontiert (47 f.).

→ repräsentiert das Ruhrgebiet, Walters ursprüngliche Heimat, die neben Schleswig-Holstein der zweite herausragende Schauplatz in Ralf Rothmanns Familienkosmos ist; sie hat den rauen, aber herzlichen Ton, den man mit dem Ruhrpott verbindet, schon verinnerlicht (195).

→ versorgt Walter mit Informationen von zuhause, u. a. über den Aufenthaltsort seines Vaters.

→ schenkt Walter die Häherfeder, die ihn an der Front begleitet, als „Symbol für Weisheit und Mut" (73).

→ vermittelt den kulturellen Wandel nach dem Krieg durch ihre Faszination für amerikanische Kaugummis, den Swing-Jazz und die englische Sprache (194 ff.).

→ ist am Ende als alte Frau die einzige noch lebende Verwandte des Ich-Erzählers im Ruhrgebiet (229), was seine Entfremdung von der alten Heimat hervorhebt.

Leni ist leidensfähig und kann sich zur Wehr setzen. Sie durchschaut den Materialismus und Opportunismus ihrer Mutter, für sie ist Herbert „‚Mamas Goldesel'" (197). Herbert findet sie „‚undankbar und frech wie Dreck'" (73). Nach Walters und Elisabeths Tod und dem Umzug von deren Sohn nach Berlin kümmert sie sich um das Grab. Im Alter ist Leni „eine melancholische Kettenraucherin, die immer wusste, wo der Jägermeister stand" (229). Offensichtlich haben die Jahre im Krieg auch ihr Leben dauerhaft überschattet.

Aufgabe 2 **

Lesen Sie die Kurzgeschichte *Geronimo* aus Ralf Rothmanns Buch *Hotel der Schlaflosen*. Einige Informationen
dazu finden sich in Kap. 3.1, S. 43 f. Analysieren Sie das
Verhalten des Vaters im Kontext des Romans *Im Frühling
sterben*.

Mögliche Lösung in knapper Fassung:

ANALYSE

Die Erzählung fügt sich in das autofiktionale Schreibprojekt Ralf
Rothmanns ein. Der Vater in *Geronimo* ist Walter Urban. Zeitlich
ist die Handlung fünfzehn Jahre nach seinem Kriegsdienst angesie-
delt. Die Tätigkeit als Melker liegt inzwischen hinter dem jetzt Drei-
unddreißigjährigen, und er arbeitet als Bergmann in Oberhausen.
Wieder erzählt sein Sohn, der gleichzeitig Rothmanns Alter Ego ist,
im Rückblick als Erwachsener. Zum Zeitpunkt der Handlung ist er
sieben Jahre alt. Die Erzählweise erinnert an die Rahmenhandlung
von *Im Frühling sterben*. Die Stimmung ist jedoch erheblich heller,
obwohl auch hier der Gedanke an den Tod zweimal ganz real wird:
einmal bei der Erinnerung daran, wie der Junge beim Spielen in einer Kiesgrube fast verschüttet wurde, und außerdem im Angesicht
des verwirrten Mannes mit der Pistole. Das Mischungsverhältnis
von autobiografischen Elementen aus dem Leben der wirklichen
Familie Rothmanns und fiktiven Elementen dürfte hier ähnlich wie
in der Rahmenerzählung des Romans sein. Eine Erfahrung Rothmanns aus jüngerer Vergangenheit könnte ebenfalls in *Geronimo*
eingeflossen sein: ein bewaffneter Raubüberfall, dem der Autor und
seine Frau vor einigen Jahren in Berlin zum Opfer fielen.

Die fünf Jahre nach dem Roman erschienene Kurzgeschichte
knüpft an Fietes Hinrichtung an, ohne direkt darauf einzugehen.
Schon die Nebelkrähen, welche die Begegnung mit dem Fremden

begleiten, deuten das Kriegsthema an. Im Roman sind schwarze Vögel Begleiter des Todes; Krähen sitzen in den Bäumen neben den Leichen von zwei Hitlerjungen (*FS* 146). Als Fiete von den Schüssen getroffen wird, fliegen Schwarzdrosseln auf (*FS* 175). Es gibt einige fast wörtliche Übereinstimmungen zwischen den Texten. In *Im Frühling sterben* ist es Walter, dessen „Därme rumorten" (*FS* 175) nach Fietes Exekution, nun rumort es in den Därmen des Sohnes (*Geronimo* 54). Der Fremde hat die gleiche Waffe, eine Sauer 38, die Walter selbst im Krieg hatte (*G* 55).

Dessen Reaktion auf die Bedrohung prägt sich dem Sohn tief ein. Sein Vater wird zwar blass und strafft sich (*G* 52 f.), handelt aber so, als spräche der Mann in ihm etwas an, das ihm zutiefst vertraut ist, weshalb sich „sogar ein Hauch von einem traurigen Verständnis oder gar Mitleiden in seinen zerarbeiteten Zügen" zeigt (*G* 52). Tatsächlich ist die ganze Situation so ausgelegt, dass Walter sich unbewusst an den Karfreitag 1945 in Ungarn zurückversetzt fühlen muss. Er hat hier offenbar jemand vor sich, der Soldat war, ein „‚Kamerad'" (*G* 53). In der Oberhausener Gegenwart kommt es dabei zu einer erstaunlichen Verschmelzung zwischen Walter, Fiete, dem Fremden und selbst mit dem Kind und seiner Angst, dem bewegten Darm, seinem Appetit auf das Mohnhörnchen des Mannes und seiner Assoziation mit dem Indianer-Motiv (Fiete hatte den Vater des Jungen oft als „Häuptling" angesprochen.). Walter ist diesmal in der Position dessen, dem die Erschießung droht, während der Fremde mit der Pistole durch seine Kleidung als Fiete markiert ist. Dessen Frotteemantel (*G* 49 f.) ist eine Parodie des Mantels, den Walter Fiete überlassen hat und der bei der Erschießung von Kugeln durchlöchert wird. Jetzt lächelt Walter beim Anblick des Verwirrten (*G* 53), wie damals der sterbende Fiete „auf seine verwegene Art" zu lächeln schien (*FS* 176). Gleichzeitig ist der Verwirrte, der Unverständliches stammelt und „in dessen Augen ein fiebriger Glanz war" (*G* 50), ein Spiegelbild des Walter, der am Tag von Fietes Tod kollabierte.

Alles wirkt, als sei ein Gespenst aus seiner Vergangenheit erschienen und würde ihm die Gelegenheit bieten, das traumatisierende Geschehen von 1945 noch einmal zu durchleben, diesmal aber zu einem versöhnlichen Ende zu führen. Seine Einfühlung in den anderen, in dem er auch sich selbst und Fiete erkennt, befähigt ihn, mit wenigen sanften Worten die Gefahr von sich und dem Sohn abzuwenden. Anschließend wirkt Walter so gelöst, wie sein Sohn ihn selten erlebt hat.

Für das Kind ist nicht weniger als ein „Wunder" (*G* 52) geschehen. An diesem Tag lebt er mit einem perfekten Vater, der die Enge und die Sorgen des Alltags und seine Schwermut abgelegt hat, der liebenswert, großzügig und humorvoll ist, sich dem Sohn zuwendet und als verlässlicher Beschützer seine Hand hält. Nun fühlt der Sohn sich, „als würden Eimer voll goldenen Lichts über mich geleert" (*G* 53). Die wundersame Rettung markiert einen Wendepunkt für ihn, weil er neue Zuversicht schöpft, dass das Leben gut sein kann. Der erwachsene Erzähler veranschaulicht, wie seine ganze Jugend unter besseren Umständen hätte verlaufen können. Der kleine Sohn kann aber nicht wissen, dass der Vater sich nur vorübergehend von einem Trauma erlöst fühlt. Wie man aus *Im Frühling sterben* weiß, blieb dieses vollkommene Leben meistens ungelebt.

Aufgabe 3 **

Erläutern Sie die Funktion des ersten Satzes: „Das Schweigen, das tiefe Verschweigen, besonders wenn es Tote meint, ist letztlich ein Vakuum, das das Leben irgendwann von selbst mit Wahrheit füllt." (7) Untersuchen Sie, wie diese Aussage in dem Roman entfaltet wird.

Mögliche Lösung in knapper Fassung:

ERÖRTERUNG

Womit fängt man an? Dies ist eine der spannendsten Fragen, die sich ein Autor stellen muss. Der Anfang eines Romans soll den Leser unmittelbar fesseln und auf das Weitere einstimmen. *Im Frühling sterben* beginnt mit einem Sinnspruch (Sentenz) wie Leo Tolstois berühmtes Werk *Anna Karenina* („Alle glücklichen Familien sind gleich, jede unglückliche Familie ist auf ihre eigene Art unglücklich."). Der philosophische Charakter der Aussage, die Verwendung des Präsens, die Ballung abstrakter Begriffe („Schweigen", „Leben" und „Wahrheit") sowie die Erwähnung des Todes wecken die Erwartung, dass es hier nicht um etwas Alltägliches oder vorwiegend Unterhaltsames gehen wird, sondern um allgemeingültige Fragen von Gewicht für alle Menschen. Damit gehört dieser Romananfang zu dem Typ, der als „metatextuell" bezeichnet wird, d. h., als über den Text hinausweisend. In diesem Fall schickt der Erzähler der eigentlichen Geschichte einen Kommentar voraus und deutet gleichzeitig an, worum es im Kern gehen wird. Das soll Neugier beim Leser erzeugen, der aber erst vom Ende her beurteilen kann, inwieweit der Roman seinem Programm gerecht wird. Schon der erste Absatz deutet an, dass das gelingt. Darin berichtet der Erzähler am Beispiel des Birkensafts, mit dem der Vater sich im Krieg angeblich die Haare gekräftigt hatte, dass er in seinem Elternhaus auf seine Fragen über den Krieg nur vage Auskünfte bekam. Eine „genauere

Antwort [...] stellte sich erst ein, als ich Jahrzehnte später Fotos von Soldatengräbern in der Hand hielt und sah, dass viele, wenn nicht die meisten Kreuze hinter der Front aus jungen Birkenstämmen gemacht waren" (7). Das Foto füllt somit das Vakuum, welches das Schweigen in der Familie hinterlassen hatte, schon einmal mit einer Andeutung der Wahrheit: dass nämlich Birken für den Vater seit dem Krieg nicht das Leben, sondern den Tod verkörpern.

Der erste Satz und der ganze Absatz sind der Roman als Mikrokosmos. Der Gedanke, dass sein eigenes Fremd-Sein in der Welt etwas mit dem traurigen und selten lächelnden Vater und dessen Biografie zu tun hat, motiviert den Erzähler schließlich dazu, sich eine Geschichte auszudenken, welche vollends in das Vakuum vordringt. Die Erzählung über Walter und seinen Freund Fiete ist weitgehend fiktiv und vermittelt ausdrücklich keine historische, objektive Wahrheit. Es ist eine literarische, subjektive Wahrheit, deren Bedingungen der Autor setzt und die nicht nach den Kriterien wahr oder falsch beurteilt werden kann. Es ist ein Ergebnis der persönlichen Erforschung seiner Familie und seiner selbst, und wer sich darauf einlässt, wird mit einem Erkenntnisgewinn belohnt.

Aufgabe 4 ***

Vergleichen Sie Günter Eichs Häher-Gedichte. Stellen Sie anschließend einen Bezug zu _Im Frühling sterben_ her. Die Texte finden Sie in Kap. 5, S. 126 f.

Mögliche Lösung in knapper Fassung:

In Eichs Gedichten von 1948 und 1954 verkörpert die Häherfeder das Streben des lyrischen Ichs, dem „Sinn der Welt" (Z. 12) in der Natur auf die Spur zu kommen. Die Feder ist (als Schreibwerkzeug) ein Attribut des Dichters, gleichzeitig erinnert sie durch ihre Farbe

VERGLEICH

an die Blaue Blume der Romantik und damit die Sehnsucht nach
dem Unendlichen, welche durch die Magie der Sprache Erfüllung
finden soll.

Die Hoffnung, dass dies gelingt, lodert in *Die Häherfeder* von 1948
plötzlich und intensiv auf, als das Ich in einem Wald einen Eichelhäher bemerkt, der „zwischen den Zweigen streicht" (Z. 2). Das Ich
fühlt sich jetzt „einem Geheimnis näher, / das nicht ins Bewusstsein reicht" (Z. 3 f.). Diesen Zustand beschreibt es als Tatsache
(„Ich bin [...] näher", Z. 1, 5), und es empfindet ihn im Wortsinn als
atemberaubend (Z. 5 f.). Doch kehrt schon ab Z. 7 Skepsis ein, denn
es gelingt dem Ich nicht, sein Erlebnis in Sprache zu verwandeln:
„doch gibt es dafür kein Wort" (Z. 8). Bloß für sich im Sand liegend,
hat die Häherfeder ihren Zauber verloren (Z. 13 f.). Sie offenbart
die Ohnmacht des Dichters; statt einer höheren Wirklichkeit, die
für kurze Zeit zum Greifen nahe schien, bleibt nur „eine schlaue /
Antwort in meiner Hand" (Z. 15 f.).

Der Verlauf der Erfahrung des Ichs spiegelt sich u. a. in der Syntax
wider. Die von hoffnungsfroher Erwartung geprägte erste Strophe
besteht aus einem komplexen, fließenden Satz. Die dritte Strophe
endet hingegen schon mit einem Fragesatz, und die letzte Strophe
führt mit zwei kurzen, unverbundenen Aussagesätzen ein abruptes
Ende herbei. Auch die klangliche Gestaltung verändert sich mit dem
Nachlassen der Hoffnung auf Harmonie mit dem Weltganzen. So
dominieren sehr auffällig in Strophe 1 Alliterationen („zwischen den
Zweigen") und Assonanzen mit dem Doppelvokal „ei", der sieben-
mal erscheint. In der letzten Strophe treten verstärkt kurze Vokale
in einsilbigen Wörtern auf, darunter viermal „a".

Das zweite Gedicht, *Tage mit Häher*, ist sechs Jahre nach *Die
Häherfeder* erschienen. Die Hoffnung, in der Natur das Geheimnis des Daseins entschlüsseln zu können, hat das Ich aufgegeben.

Der Wald ist nun ein Ort, an dem es keine spirituelle Erfahrungen macht und nicht einmal die Häherfeder findet: „Ungesehen liegt in der Finsternis / die Feder vor meinem Schuh" (Z. 15 f.). War das erste Gedicht noch durchgehend in gebundener Sprache verfasst mit gleichmäßig langen, gereimten Strophen, ist die Form des zweiten sehr unregelmäßig. Es enthält vor allem rätselhafte, düstere Chiffren, die dem Verständnis nur schwer zugänglich sind („Hinter dem roten Laub", Z. 7). Die Stille, die das Erlebnis des Ichs in *Die Häherfeder* begünstigt hat, wird diesmal gestört durch „Schreie" des Vogels (Z. 4). Weshalb das Ich die Natur inzwischen für so unzugänglich und undechiffrierbar hält und weshalb Verzweiflung seine Zuversicht verdrängt hat, wird nicht deutlich.

Auf die Gedichte wird in *Im Frühling sterben* nur angespielt. Direkte Zitate hätten nicht zur Logik der Erzählung gepasst, denn 1945 konnte sie noch niemand kennen, erst der Erzähler des Romans nutzt die versteckten Hinweise darauf als Kommentar zu Walters Entwicklung. Die Idee, dass es neben der gewöhnlichen Alltagsrealität eine höhere, metaphysische Wirklichkeit gibt, liegt auch Ralf Rothmanns Literatur zugrunde. Walter Urban hat den richtigen Sinn dafür, sie öffnet sich ihm momentweise in der Gegenwart von Tieren, in der Natur, aber auch an anderen Orten, so z. B. in der Hütte in den ungarischen Weinfeldern (135). Die Häherfeder soll außerdem ein „Symbol für Weisheit und Mut" (73) sein, wie Walters Schwester Leni von ihrem Freund Micky Berg erfahren hat. Er erlebt aber, dass der Nutzen von Weisheit und Mut in einem modernen Krieg eng begrenzt ist. Als er einmal über die Dose streicht, in der er die Feder aufbewahrt, blitzt in ihm zwar unmittelbar die Erkenntnis auf, dass er seinen Lkw in der Nacht zu sichtbar für feindliche Flugzeuge abgestellt hat, es bleibt aber nur noch genug Zeit, um seinen Beifahrer Jochen aus der Gefahrenzone zu bringen. Alle Soldaten auf der Ladefläche sterben bei dem folgenden Bombenabwurf (97 ff.). Nach Fietes Tod hat sich Walter dann verändert. Der finstere, albtraumhafte Wald des zweiten Gedichts könnte als Ausdruck seines traumatisierten Inneren gelesen werden.

LITERATUR

Zitierte Ausgabe:
Rothmann, Ralf: *Im Frühling sterben.* Berlin: Suhrkamp Taschenbuch Verlag, 2020 [2016].

Primärtexte:
Rothmann, Ralf: *Milch und Kohle.* suhrkamp taschenbuch. Frank-
furt am Main: Suhrkamp, 2001.
Rothmann, Ralf: *Junges Licht.* suhrkamp taschenbuch. Frankfurt
am Main: Suhrkamp, 2006.
Rothmann, Ralf: *Lob der Stille.* In: Ders.: *Vollkommene Stille. Rede
zur Verleihung des Max Frisch-Preises am 1. Oktober 2006 in
Zürich. Mit der Laudatio von Ursula März.* Frankfurt am Main:
Suhrkamp, 2006, S. 23–44.
Rothmann, Ralf: *Feuer brennt nicht.* suhrkamp taschenbuch. Frank-
furt am Main: Suhrkamp, 2010.
Ralf Rothmann: *Ich habe einen Traum: „Meine Frau und ich wur-
den überfallen – eine Albtraumsituation".* In: „ZEIT-Magazin",
19. Mai 2016.
Ralf Rothmann: *Der Gott jenes Sommers.* suhrkamp taschenbuch.
Frankfurt am Main: Suhrkamp, 2019.
Ralf Rothmann: *Hotel der Schlaflosen.* Frankfurt am Main: Suhr-
kamp, 2020.

Sekundärliteratur:
Forkel, Robert: *Literarisches Geschichtserzählen über die Zeit des
Nationalsozialismus seit der Jahrhundertwende. Bestandsaufnah-
me und Typologie.* In: Fulda, Daniel u. Jaeger, Stephan (Hg.):
Romanhaftes Erzählen von Geschichte. Vergegenwärtigte Ver-

gangenheiten im beginnenden 21. Jahrhundert. Berlin, Boston: Walter de Gruyter, 2019, S. 205–228.

Gellner, Christoph: *Buddhismus im Westen. Literarische Spiegelungen bei Hermann Hesse, Adolf Muschg, Ralf Rothmann und Christoph Peters*. In: Mauz, Andreas u. Weber, Ulrich (Hg.): *„Wunderliche Theologie". Konstellationen von Literatur und Religion im 20. Jahrhundert*. Göttingen: Wallstein; Zürich: Chronos, 2015, S. 161–187.

Goldammer, Christian: *Initiation in den Romanen Ralf Rothmanns*. Würzburg: Königshausen & Neumann, 2010.

Handke, Peter: *Zu Ralf Rothmann. Rede zum Hermann-Lenz-Preis 2001*. In: Handke, Peter: *Mündliches und Schriftliches. Zu Büchern, Bildern und Filmen 1992–2002*. Frankfurt am Main: Suhrkamp, 2002, S. 155–164.

Heimböckel, Dieter u. Kuffer, Melanie: *„Wir hatten ja auch gute Jahre!" Heimat und Identität in Ralf Rothmanns Roman „Milch und Kohle"*. In: Szurawitzki, Michael u. Schmidt, Christopher M. (Hg.): *Interdisziplinäre Germanistik im Schnittpunkt der Kulturen. Festschrift für Dagmar Neuendorff zum 60. Geburtstag*. Würzburg: Königshausen & Neumann, 2008, S. 361–369.

Kasper, Elke: *„Die Schlacke von Engeln". Zum Verhältnis von Tier und Mensch im Werk Ralf Rothmanns*. In: Egyptien, Jürgen (Hg.): „Literatur in der Moderne. Jahrbuch der Walter-Hasenclever-Gesellschaft", Göttingen: V-&-R-Unipress, Band 7, 2010–2011, S. 75–90.

Kershaw, Ian: *Das Ende. Kampf bis in den Untergang. NS-Deutschland 1944/45*. München: Deutsche Verlags-Anstalt, 2011.

Kühne, Thomas: *Kameradschaft. Die Soldaten des nationalsozialistischen Krieges und das 20. Jahrhundert*. Göttingen: Vandenhoeck & Ruprecht, 2006.

Langenhorst, Georg: *Konfession und Gottesrede im Werk Ralf Rothmanns.* In: Grözinger, Albrecht; Mauz, Andreas u. Portmann, Adrian (Hg.): *Religion und Gegenwartsliteratur. Spielarten einer Liaison.* Würzburg: Königshausen & Neumann, 2009, S. 53–68.

Langenhorst, Georg: *„Am Ende ist man religiöser, als man ahnt". Religion und Konfession im Werk Ralf Rothmanns.* In: Egyptien, Jürgen (Hg.): „Literatur in der Moderne. Jahrbuch der Walter-Hasenclever-Gesellschaft", Göttingen: V-&-R-Unipress, Band 7, 2010–2011, S. 27–52.

März, Ursula: *Laudatio.* In: Rothmann, Ralf: *Vollkommene Stille. Rede zur Verleihung des Max Frisch-Preises am 1. Oktober 2006 in Zürich. Mit der Laudation von Ursula März.* Frankfurt am Main: Suhrkamp, 2006, S. 7–20.

Moré, Angela: *Die unbewusste Weitergabe von Traumata und Schuldverstrickungen an nachfolgende Generationen.* In: „Journal für Psychologie", Jahrgang 21 (2013), Nr. 2, S. 1–34; https://www.journal-fuer-psychologie.de/index.php/jfp/article/view/268/310 (Stand: Mai 2021).

Pontzen, Alexandra: *Post-Post Transgenerationelle Traumata oder Epigenetik als Erzählmodell der Gegenwart: Ralf Rothmanns „Im Frühling sterben".* In: Thomas Ernst, Georg Mein (Hg.): *Literatur als Interdiskurs: Realismus und Normalismus, Interkulturalität und Intermedialität von der Moderne bis zur Gegenwart.* München, Paderborn: Wilhelm Fink, 2016, S. 531–548.

Richter, Anja Maria: *Das Studium der Stille. Deutschsprachige Gegenwartsliteratur im Spannungsfeld von Gnostizismus, Philosophie und Mystik; Heinrich Böll, Botho Strauß, Peter Handke, Ralf Rothmann.* Frankfurt am Main: Lang, 2010.

Ruf, Oliver: *„Licht in den Stollen": Schwellenfiktion und Mnemotechnik in Ralf Rothmanns Gegenwartsromanen.* In: „Monatshefte für deutschsprachige Literatur und Kultur". Madison: University of Wisconsin Press, Band 103, Heft 1, 2011, S. 85–99.

Thiel, Franziska: *„Der wahre Weltuntergang ist die Vernichtung des Geistes". Apokalyptisches Schreiben im Kontext der beiden Weltkriege.* Berlin: Erich Schmidt Verlag, 2019.

Westemeier, Jens: *Himmlers Krieger. Joachim Peiper und die Waffen-SS in Krieg und Nachkriegszeit.* 2. unveränd. Aufl. Paderborn: Verlag Ferdinand Schöningh, 2019.

Wette, Wolfram: *Deserteure der Wehrmacht rehabilitiert. Ein exemplarischer Meinungswandel in Deutschland (1980–2002).* In: „Zeitschrift für Geschichtswissenschaft". Berlin: Metropol-Verlag, 52. Jg., Heft 6, 2004, S. 505–527; https://upgr.bv-opfer-ns-militaerjustiz.de/uploads/Dateien/Stellungnahmen/w.wette-zfg-heft-6-2004.pdf (Stand: Mai 2021).

Wolbring, Fabian: *Ralf Rothmanns metaphysischer Realismus.* In: Corinna Schlicht (Hg.): *Stimmen der Gegenwart. Beiträge zu Literatur, Film und Theater seit den 1990er Jahren.* Oberhausen: Laufen, 2011. S. 178–202.

Rezensionen:

Bartmann, Christoph: *Ein irrer Duft von Aftershave* [*Der Gott jenes Sommers*]. In: „Süddeutsche Zeitung", 08. 05. 2018.

Bucheli, Roman: *Die Mystifizierung der Schuld* [*Im Frühling sterben*]. In: „Neue Zürcher Zeitung", 22. 08. 2015.

Geisel, Sieglinde: *Aus Grauen wird Kitsch* [*Im Frühling sterben*]. In: „Neue Zürcher Zeitung", 06. 09. 2015.

Hartwig, Ina: *„,Morgen früh ist er dran'"* [*Im Frühling sterben*]. In: „Die Zeit", 18. 06. 2015.

Kämmerlings, Richard: *Der Bestatter träumt von schwarzen Rappen* [*Hotel der Schlaflosen*]. In: „Die Welt", 19. 12. 2020.

Kilb, Andreas: *Der Atem meines toten Freundes* [*Im Frühling sterben*]. In: „Frankfurter Allgemeine Zeitung", 26. 07. 2015.

Matt, Beatrice von: *Scharfer Blick auf Liebeswirren* [*Feuer brennt nicht*]. In: „Neue Zürcher Zeitung", 20. 06. 2009.

Matt, Beatrice von: *Davongekommen und daran erstickt* [*Im Frühling sterben*]. In: „Neue Zürcher Zeitung am Sonntag", 04. 08. 2015.

Matt, Beatrice von: *Die Erinnerung holt die Toten zurück* [*Der Gott jenes Sommers*]. In: „Neue Zürcher Zeitung", 09. 06. 2018.

Schmidt, Thomas E.: *Ohne Schuld und ohne Scham* [*Der Gott jenes Sommers*]. In: „Die Zeit", 09. 05. 2018.

Schneider, Wolfgang: *Von Quallen und Qualen* [*Junges Licht*]. In: „Neue Zürcher Zeitung", 10. 08. 2004.

Schneider, Wolfgang: *Die Schuld des Vaters* [*Im Frühling sterben*]. In: „Der Tagesspiegel", 06. 07. 2015.

Schreiner, Christoph: *Im Höllenschlund des Krieges* [*Im Frühling sterben*]. In: „Saarbrücker Zeitung", 17. 9. 2015.

Spiegel, Hubert: *Dreck am Flügel* [*Ein Winter unter Hirschen*]. In: „Frankfurter Allgemeine Zeitung", 19. 02. 2002.

Spiegel, Hubert: *Dichterflügel, frisch gestutzt* [*Feuer brennt nicht*] In: „Frankfurter Allgemeine Zeitung", 02. 06. 2009.

Steinfeld, Thomas: *Sterben üben*. [*Hotel der Schlaflosen*]. In: „Süddeutsche Zeitung", 12. 10. 2020.

Thomas, Christian: *Der Tod war schneller als der Schall* [*Im Frühling sterben*]. In: „Frankfurter Rundschau", 24. 06. 2015.

Thomas, Christian: *Der Krieg ist ein Hauptwort* [*Der Gott jenes Sommers*]. In: „Frankfurter Rundschau", 02. 06. 2018.

Welzhofer, Lisa: *Wir Söhne, wir Töchter* [*Im Frühling sterben*]. In: „Stuttgarter Zeitung", 23. 09. 2015.

Texte aus dem Internet:

Gierberg, Dagmar: „Ralf Rothmann im Gespräch. Wenn beim
Schreiben Funken fliegen". In: Goethe Institut Online, De-
zember 2013. https://www.goethe.de/de/kul/lit/20366321.html
(Stand: Mai 2021).

Grumbach, Detlef: „Die Geschichte eines Vaters, der eingezogen wurde". In: Deutschlandfunk Online, 16. 07. 2015;
https://www.deutschlandfunk.de/roman-die-geschichte-eines-
vaters-der-eingezogen-wurde.700.de.html?dram:article_id
=325682 (Stand: Mai 2021).

Hammelehle, Sebastian: „… dass sie uns Kindern das Taschengeld
aus den Sparbüchsen klaute. Wie viel eigene Familiengeschichte steckt in den Büchern von Bestseller-Autor Ralf Rothmann?"
In: Spiegel Online, 02. 05. 2018; https://www.spiegel.de/
spiegel/bestseller-autor-ralf-rothmann-ueber-seine-
familiengeschichte-a-1205343.html (Stand: Mai 2021).

Kliemann, Thomas: „Magie der Genauigkeit. Ralf Rothmann las
im Literaturhaus Bonn". In: General-Anzeiger, 23. 10. 2015;
https://ga.de/news/kultur-und-medien/regional/magie-der-
genauigkeit_aid-42557857 (Stand: Mai 2021).

Pokatzky, Klaus: „Schriftsteller Ralf Rothmann: ‚Der Maul-
wurf ist mein Wappentier'". In: Deutschlandfunk Kultur Online, 07. 08. 2017; https://www.deutschlandfunkkultur.de/
schriftsteller-ralf-rothmann-der-maulwurf-ist-
mein.970.de.html?dram:article_id=392738 (Stand: Mai 2021).

Redaktion Der Westen: „Ralf Rothmanns bewegende Her-
ner Premiere" [Bericht über eine Lesung in der Alten
Druckerei in Herne]. In: Der Westen Online, 09. 09. 2015;
https://www.derwesten.de/staedte/nachrichten-aus-herne-und-
wanne-eickel/ralf-rothmanns-bewegende-herner-premiere-
id11075266.html?keepUrlContext=true (Stand: Mai 2021).

Sakova, Aija: „Eine nachgetragene Liebe: Ralf Rothmann im Gespräch". 07. 06. 2019. In: http://aijasakova.com/blog/eine-nachgetragene-liebe (Stand: Mai 2021).

Audio:

„Hotel der Schlaflosen" [Ralf Rothmann im Gespräch mit Franziska Hirsbrunner]. Radio SRF 2 Kultur, Audio Podcasts: 52 beste Bücher. Sendung vom 24. 01. 2021; https://www.srf.ch/audio/52-beste-buecher/hotel-der-schlaflosen-von-ralf-rothmann?id=11910428 (Stand: Januar 2021).

„Literatur darf auch rühren! Im Gespräch mit Karsten Otte". [Sendung mit Ralf Rothmann]. SWR2 Zeitgenossen. Sendung vom 02. 03. 2019; https://www.swr.de/swr2/programm/broadcastcontrib-swr-26026.html (Stand: Mai 2021).

Bildnachweise Wikimedia

Abb. S. 18

https://commons.wikimedia.org/wiki/File:Bundesarchiv_Bild_101I-680-8285A-26,_Budapest,_Festnahme_von_Juden.jpg
Budapest, Festnahme von Juden. Ungarische und deutsche Soldaten treiben verhaftete Juden ins Stadttheater; Einsatz Kompanie Lw zbV. Oktober 1944. Bundesarchiv. Unveränderter Abdruck.

Abb. S. 22

https://commons.wikimedia.org/wiki/File:Luftangriff_auf_Kiel_am_04._und_am_05.01.1944_(Kiel_50.966).jpg
Luftangriff auf Kiel am 04. und am 05.01.1944. Dänische Straße. Volltreffer. Im Hintergrund die Schloss-Apotheke (Nr. 35). Januar 1944. Stadtarchiv Kiel. Unveränderter Abdruck.

Abb. S. 29

https://commons.wikimedia.org/wiki/File:Deserteursdenkmal_
(Hamburg-Neustadt).3.ajb.jpg
76er-Kriegerdenkmal von Richard Kuöhl und der Gedenk-
ort für Deserteure und andere Opfer der NS-Militärjustiz von
Volker Lang, Denkmalanlage Dammtordamm in Hamburg-
Neustadt. Bild: © Ajepbah / Wikimedia Commons / Lizenz:
CC-BY-SA-3.0 DE. Unveränderter Abdruck.

Abb. S. 101

https://commons.wikimedia.org/wiki/File:Ludwig_
HOHLWEIN_1._Schutzstaffel-Appell_der_Gruppe_Ost_in_
Berlin_11.,12.,12._August_NSDAP_propaganda_SS-Mann_
Uniform_Hakenkreuz_Fahne_Plakat_Recruitment_poster_
Nazi_Party_No_known_copyright_restrictions_h40-1.jpg
1. Schutzstaffel-Appell der Gruppe Ost in Berlin; Plakat mit
Aquarell von Ludwig Hohlwein. 1930er-Jahre. Unveränderter
Abdruck.

Abb. S. 103

https://commons.wikimedia.org/wiki/File:Fotothek_df_ps_
0000365_002_Musikanten_%5E_Stra%C3%9Fenmusikanten_
%5E_Kriege_%5E_Kriegsfolge.jpg
Kriegsversehrter auf dem Gehsteig sitzend spielt Zither.
Nach 17. September 1944. Fotograf: Richard Peter. Deutsche
Fotothek. Unveränderter Abdruck.

STICHWORTVERZEICHNIS